伟大历程
群星璀璨

（综合版）

主　编　陈宗杰
编　写　杜惠英　贾　玮
　　　　黄建伟　孙寿玉
　　　　陶　莎　陈宗杰

南京大学出版社

图书在版编目（CIP）数据

伟大历程 群星璀璨：综合版 / 陈宗杰主编. —南
京：南京大学出版社，2021.4
ISBN 978 - 7 - 305 - 24346 - 2

Ⅰ.①伟… Ⅱ.①陈… Ⅲ.①爱国主义教育-高中-
课外读物 Ⅳ.①G631.4

中国版本图书馆 CIP 数据核字(2021)第 060077 号

出版发行　南京大学出版社
社　　址　南京市汉口路 22 号　　　　邮　编 210093
出 版 人　金鑫荣

书　　名　**伟大历程　群星璀璨(综合版)**
主　　编　陈宗杰
责任编辑　金春红
审　　读　孙芳芳

照　　排　南京紫藤制版印务中心
印　　刷　南京人文印务有限公司
开　　本　880×1230　1/32　印张 6　字数 200 千
版　　次　2021 年 4 月第 1 版　2021 年 4 月第 1 次印刷
ISBN　978 - 7 - 305 - 24346 - 2
定　　价　20.00 元

网　　址：http://www.njupco.com
官方微博：http://weibo.com/njupco
官方微信：njupress
销售咨询热线：(025)83594756

前　言

　　我们中华民族有着五千多年的文明历史，创造了灿烂的中华文明，为人类做出了卓越贡献，成为世界上伟大的民族。

　　1840年鸦片战争后，中国陷入内忧外患的黑暗境地，中国人民经历了战乱频繁、山河破碎、民不聊生的深重苦难。

　　"十月革命一声炮响"，给中国送来了马克思列宁主义。1921年，中国共产党诞生了！

　　历经28年浴血奋战，中国共产党带领各族人民打败了日本侵略者，推翻了国民党反动统治，建立了中华人民共和国。从此，中国人民站起来了，中华民族走上了实现伟大复兴的壮阔道路。

　　历经七十多年艰苦卓绝的社会主义革命、建设和改革开放，中国共产党带领各族人民取得了伟大成就，中华民族的命运发生了从"站起来""富起来"到"强起来"的伟大飞跃。

　　今天，社会主义中国巍然屹立在世界东方！没有任何力量能够撼动我们伟大祖国的地位,没有任何力量能够阻挡中国人民和中华民族前进的步伐。

百年历程告诉我们,历史和人民选择中国共产党领导中华民族伟大复兴的事业是正确的! 必须长期坚持、永不动摇;中国共产党领导中国人民开辟的中国特色社会主义道路是正确的! 必须长期坚持、永不动摇;中国共产党和中国人民扎根中国大地、吸纳人类文明优秀成果、独立自主实现国家发展的战略是正确的! 必须长期坚持、永不动摇。

百年历程证明,中国共产党是为人民谋幸福、为民族谋复兴的党,是经受住各种风险考验、不断成熟自信的党,是坚强带领全国各族人民,坚持和发展中国特色社会主义的党!

千百万共产党员奋斗在百年历程中,其中一些已经光荣牺牲,献身党的事业!"天地英雄气,千秋尚凛然。"他(她)们如同繁星,闪耀在中国共产党的历史苍穹中,装点着华夏灿烂星空,美化着中华大好河山。他(她)们是我们永远的骄傲和榜样!

中国的昨天已经写在了人类史册上,中国的今天正在亿万人民手中创造,中国的明天必将更加美好。中国共产党不忘初心、牢记使命,团结带领各族人民,继续把我们的人民共和国巩固好、发展好,继续为实现中华民族伟大复兴的中国梦,努力奋斗!

目　录

一、前仆后继 建国立业

实现中华民族伟大复兴,必须首先推翻压在中国人民头上的帝国主义、封建主义、官僚资本主义三座大山,实现民族独立、人民解放、国家统一、社会稳定。

中国共产党带领各族人民找到了一条农村包围城市、武装夺取政权的革命道路,进行了 28 年浴血奋战,于 1949 年建立中华人民共和国,彻底结束了半殖民地、半封建社会的历史,实现了中国从几千年封建专制政治向人民民主的伟大飞跃。

1. 1920 年 8 月,陈独秀等人在上海发起并建立了中国第一个共产党组织——共产主义小组;10 月,李大钊在北京建立了共产主义小组。

2. 1921 年 7 月 23 日至 31 日,共产主义小组先在上海,后去浙江嘉兴,召开了中国共产党第一次全国代表大会,宣告中国共产党的成立。

3. 1922 年 7 月 16 日至 23 日在上海,召开党的"二大",制定了党的最低纲领和最高纲领。

4. 1927 年 8 月 7 日,中共中央政治局在汉口召开紧急会议,批判和纠正了陈独秀右倾机会主义错误,确定了土地革命和武装斗争的总方针。毛泽东出席会议,并提出"枪杆子里出政权"的著名论断,为挽救党和革命做出了巨大贡献。

5. 中央红军于 1934 年 10 月 10 日由江西瑞金等地出发,开始了二万五千里长征。

6. 1935 年 1 月,中共中央政治局在贵州遵义召开会议,确立了毛泽东的领导地位。

7. 1935 年 12 月,中共中央在陕北瓦窑堡召开政治局扩大会议,确定建立抗日民族统一战线。

8. 1945 年 4 月 23 日至 6 月 11 日,中国共产党第七次全国代表大会在延安召开。大会确定了党的政治路线;将毛泽东思想写在党的旗帜上,确立了毛泽东思想为党的指导思想并写入党章。

9. 1949 年 3 月 5 日至 13 日,中共七届二中全会在河北平山县西柏坡举行。

10. 1949 年 4 月 23 日,人民解放军解放了国民党反动政权的首都南京,革命红旗飘扬在曾经的总统府上空。

11. 1949 年 10 月 1 日,中华人民共和国中央人民政府在北京天安门举行开国大典仪式。这是中华人民共和国成立的标志,开辟了中国历史新纪元。

1. "红船精神"名天下

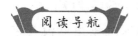

　　1921 年 7 月,中共"一大"在上海秘密举行。一天晚上,一个法租界侦探突然闯进会场,后又匆匆退出。就在代表们迅速离开后,法租界巡捕包围了会场,结果扑了个空。第二天上午,"一大"代表们从上海乘火车转移到浙江嘉兴,在南湖的一艘游船上完成了大会议程,宣告中国共产党的诞生。

　　因为是在嘉兴的这艘游船上诞生了中国共产党,所以这艘游船便获得了一个雅号——"红船"。"红船"所体现的革命先辈精神,就是"红船精神"。它是开天辟地、敢为人先的首创精神,是坚定理想、百折不挠的奋斗精神,是立党为公、忠诚为民的奉献精神。

中共"一大"

　　在上海　中国共产党第一次代表大会于 1921 年 7 月 23 日至 30 日在上海市兴业路 76 号(原望志路 106 号)秘密召开,有 13 名代表出席,代表了全国 57 名共产党员。

　　会议开到 30 日,法租界巡捕房的一个华人探长突然闯入,到处张望。具有丰富秘密工作经验的共产国际代表马林警觉地说这人一定是"包打听",建议立即停会。大家分头离开。果然,十

上海 中共"一大"会址

几分钟后,两辆警车呼啸而至,包围了会场,法籍警官亲自带人进入室内询问搜查,没有找到多少证据,威胁警告一番后就撤走了。

这次冲击虽然没有带来重大损失,但会议不能再在原地进行了。在场的李达夫人王会悟提出:不如到我的家乡嘉兴南湖开会,离上海很近,又容易隐蔽。大家都赞成,觉得这个安排很妥当。

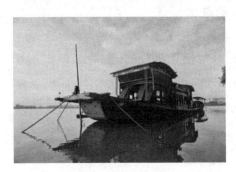

浙江 南湖"红船"

在南湖 第二天清晨(7月31号),代表们分两批乘火车前往嘉兴,登上事先租好的南湖画舫,继续上海30日未能进行的议题。先讨论并通过了《中国共产党的第一个纲领》,这份15条约700字的简短纲领确定了党的名称、奋斗目标、基本政策,提出发展党员、建立地方和中央机构等组织制度,兼有党纲和党章的内容,是党的第一份正式文献。

接着讨论并通过了《中国共产党的第一个决议》,对今后党的工作做出安排。鉴于党的力量还弱小,会议决定投入主要精力建立工会组织,指导工人运动,做好宣传工作,并要求与其他政党在关系上保持独立政策,强调与第三国际建立紧密关系。

下午5时,天气转晴,湖面上一艘汽艇向画舫急驰而来。大家因为有上海的经历而提高了警惕,立即藏起文件,在桌上摆出麻将牌,装扮成游客。后来打听到这只是一家私人游艇,大家才松了一口气。最后,中共"一大"选举中央领导机构,建立了三人组成的中央局,党的第一个中央机关由此产生。

会议在齐呼"中国共产党万岁"声中闭幕。

八一南昌起义

1927年4月12日,蒋介石在上海发动了震惊全国的"4·12"反革命政变,疯狂地捕杀共产党员和革命群众,仅4月12日至15日,就有300多人被杀,500多人被捕,5000多人失踪。继上海大屠杀之后,广州、北京等地的反动派也向人

油画:八一南昌起义

民举起了屠刀。面对国民党反动派的屠杀,中共中央决定委任周恩来为前敌委员会书记,以武装起义的方式夺取政权。

1927年8月1日,周恩来、贺龙等率领的起义军3万余人在南昌举行武装起义,向驻守南昌的国民党守军发动进攻。经过5小时激战,起义军全歼国民党守敌一万多人,占领了南昌城。第二天,成立以共产党员为领导核心和国民党左派人士参加的革命委员会,颁布了《八一革命宣言》和《土地革命宣传大纲》等文件。

南昌起义打响了武装反抗国民党反动派的第一枪,是中国共产党独立领导武装革命的开始。后来将8月1日定为中国人民解放军建军节。

井冈山革命根据地

农村包围城市，最后夺取全国胜利的革命道路，是以毛泽东为代表的中国共产党人在领导中国革命实践中逐步摸索出来的一条具有中国特色的发展道路和总战略。

1927年大革命失败后，国内政治局势急剧逆转，中国共产党遇到了前所未有的困难。在严峻的生死考验面前，在革命前途仿佛已变得十分黯淡的时刻，中国共产党和中国人民并没有被吓倒，被征服，被杀绝。他们从地上爬起来，揩净身上的血迹，掩埋好同伴的尸首，继续战斗。

中国第一个农村革命根据地

1928年10月，"朱毛"会师井冈山，建立了共产党领导的第一个革命根据地。从此，在半封建半殖民地的中国土地上，有了属于人民自己的红色政权。它的诞生，使祖祖辈辈受剥削、受压迫的劳动人民看到了希望，看到了曙光，因为共产党所领导的红色政权是人民自己的政权，是为广大劳苦大众谋利益的。

在井冈山，工农革命军得到了发展，毛泽东明确提出工农革命军的三大任务和三大纪律、六项注意；在总结反围剿的基础上概括出"敌进我退，敌驻我扰，敌疲我打，敌退我追"的游击战 16

字诀。

正如邓小平后来所言："我们这个军队有好传统。从井冈山起，毛泽东同志就为我军建立了非常好的制度，树立了非常好的作风。"可以说，我党我军后来在不同历史时期形成的伟大长征精神、延安精神、西柏坡精神等，都是对当年井冈山精神的继承和发扬。

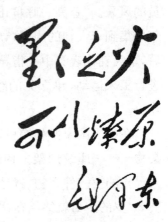

井冈山革命根据地建立后，各地共产党人也开始领导武装起义，建立革命根据地。到 1930 年，全国建立了大大小小十几个农村革命根据地，星星之火呈燎原之势。

伟大先驱李大钊

1918 年 8 月，作为主要发起人之一，李大钊创建了少年中国学会，并亲自介绍毛泽东等人加入。1920 年 3 月，李大钊和邓中夏、陈独秀等人秘密发起马克思学说研究会。同年秋，李大钊又领导建立了北京的共产党早期组织。

李大钊著的《我的马克思主义观》，是中国第一部较系统地介绍马克思主义的长篇论文。

在俄罗斯保存的档案资料里，有一段珍贵的影像资料，这是 1924 年 6 月，李大钊率中共代表团到莫斯科参加共产国际"五大"时的一段演讲，它让我们第一次目睹到这位年轻的中国共产党党员的风采。"登高一呼群山应,从此神州不陆沉。"一大批进步青年聚集到李大钊的周围,寻求马克思主义真理。中国共产党成立后,李大钊代表党中央指导北方地区党的工作,宣传马克思主义,进行工人运动,建立党的组织,开展了轰轰烈烈的反帝、反军阀斗争。

在中国国家博物馆里,存放着一件编号为0001的珍贵馆藏文物——一座绞刑架。1949年开国大典前夕,中国共产党派专人寻找的第一件文物,就是这座绞刑架。1927年4月28日,李大钊38岁的生命就终结在这座绞刑架上。

1927年4月6日,中国传统的清明节。这天上午,奉系军阀张作霖派出的警察、便衣蜂拥进入北京东交民巷苏联大使馆,将李大钊等数十人抓走,包括他年仅3岁的小儿子。

其实在大使馆被包围的前几天,中共秘密党员杨度就得知了这一消息,并把这一消息赶紧传递给了李大钊。但李大钊让一些年轻的同志先行撤退,自己却留了下来。

伟大先驱李大钊

敌人对李大钊用尽酷刑,甚至将竹签插进他的指甲缝,最后竟剥去了他双手的指甲。李大钊始终坚贞不屈,大义凛然。当时敌人的报纸说,李大钊受审时"精神甚为焕发,态度极为镇静,自述为马克思学说之崇信者,故加入共产党,对于其他之一切行为则谓概不知之,关防甚严"。

接着,敌人又用高官厚禄收买李大钊。李大钊说道:"大丈夫生于世间,宁可粗布以御寒,安步以当车，就是断头流血，也要保持民族的气节，绝不能为了锦衣玉食，就去向卖国军阀讨残羹剩饭，做无耻的帮凶和奴才！"

1927年4月28日上午11时，反动军阀政府对李大钊等20人进行秘密审判。随后，4辆军车将他们押至西交民巷京师看守所。李大钊从容走上绞刑台，在生命的最后一刻呼喊道："不能因为你们绞死了我，就绞死了共产主义！我们已经培养了很多同志，如同红色的种子，撒遍各地。我们深信，共产主义在世界、在中国必然要得到光荣的胜利！"

坚贞不屈的陈潭秋 🔍

1920年秋，陈潭秋和董必武等在武汉成立了共产党早期组织。1921年7月，陈潭秋出席了党的"一大"。此后，陈潭秋先后任中共安源地委委员、武昌地方执委会委员长、湖北区委组织部主任、江西省委书记、满洲省委书记、江苏省委秘书长等职，领导各地的工人运动、学生运动和兵运工作，为党的事业四处奔波。

1933年初夏，陈潭秋到中央苏区工作，任福建省委书记。1934年1月，在瑞金召开的中华苏维埃共和国第二次代表大会上，陈潭秋被选为中央执行委员和中央政府粮食部部长。红军长征后，陈潭秋留在中央苏区坚持游击战争，任中共苏区中央分局委员兼组织部部长；1935年8月赴莫斯科参加共产国际第七次代表大会；后参加中国共产党驻共产国际代表团的工作。

1939年5月，陈潭秋奉命回国，任中共中央驻新疆代表和八路军驻新疆办事处负责人。他同新疆反动军阀盛世才进行了灵活巧妙的斗争。当盛世才公开走上反苏反共道路后，1942年夏，党中央同意在新疆工作的共产党员全部撤离。陈潭秋把自己列入最后一批撤退名单，他坚决表示："只要还有一个同志，我就不

陈潭秋

能走。"

1942 年 9 月 17 日，陈潭秋被捕。敌人对陈潭秋施以酷刑，逼迫他"脱党"。陈潭秋始终坚贞不屈。一天，陈潭秋正在监狱院子里放风，监狱长突然叫走了陈潭秋。事后得知，原来是接听盛世才打来的电话。在电话里，陈潭秋狠狠地痛骂盛世才忘恩负义："如果没有苏联的支持，没有中国共产党的鼎力相助，你盛世才怎能有今天！"在电话里，盛世才虚情假意地说，只要陈潭秋听从劝告，"揭露"苏联，承认罪名，就能安排他和妻子、孩子一起生活。根本不为所动的陈潭秋继续痛骂，盛世才气得扔下电话。没过几天，盛世才又来电话，再一次遭到陈潭秋的厉声斥骂。盛世才的第三次电话是警告陈潭秋，再不听劝告就无出路。陈潭秋把电话机狠狠地摔在地上，坚定地说："我们共产党人，头可断，血可流，志气不能丢！"

1943 年 9 月 27 日，陈潭秋被秘密杀害于狱中，年仅 47 岁。

井冈英雄何挺颖　🔍

何挺颖，1924 年中学毕业后考入上海大同大学数学系，同时开始接受革命思想影响。1925 年 5 月参加五卅运动，6 月加入中国共产主义青年团。随后为了革命的需要，他不顾老师和亲朋规劝，毅然转入上海大学社会系，学习革命理论。他在给劝阻他转学的同学左明的信里写道："对数表里查不出救国的良方，计算尺不能驱逐横行的豺狼。"并附诗："南京路上圣血殷，百年侵华仇恨深。去休学者博士梦，愿做革命一新兵。"同年冬，何挺颖成为中国共产党党员。

1928 年 4 月，朱德、毛泽东率领的两支红色武装在井冈山胜利会师，组建了中国工农革命军第四军，下辖四个团，何挺颖任第三十一团党代表。在毛泽东、朱德的领导下，何挺颖率部参加了攻打龙源口、围困永新城等一次又一次的战斗。他政治坚定，作战勇敢，指挥果断，成为井冈山时期我军著名的军事指挥员和党的优秀干部，为井冈山革命根据地的创建做出了重要贡献。

1928 年 8 月，在著名的黄洋界保卫战中，何挺颖与团长朱云卿指挥不足一个营的兵力，在人民群众的配合下，凭险抵抗，击溃了湘赣国民党军四个团的轮番进攻，取得了黄洋界保卫战的胜利，保存了井

何挺颖烈士纪念碑

冈山革命根据地。毛泽东为此欣然写下了《西江月·井冈山》。10 月，参加中共湘赣边界特委第二次代表大会，何挺颖被选为边界特委委员。同年冬，任红四军第二十八团党代表兼团党委书记。

1929 年 1 月 14 日，何挺颖随毛泽东、朱德、陈毅率领红四军主力离开井冈山，转战赣南闽西，开辟新的根据地。1 月下旬，何挺颖在江西大庾战斗中身负重伤，转移途中又遭敌袭击，不幸壮烈牺牲，年仅 24 岁。

2. 铁流二万五千里

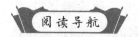

从 1934 年 10 月至 1936 年 10 月,中国共产党领导工农红军,以非凡的智慧和大无畏的英雄气概,战胜千难万险,付出巨大牺牲,胜利完成了震撼世界、彪炳史册的二万五千里长征。

这一惊天动地的革命壮举,是中国共产党及其领导下的工农红军谱写的壮丽史诗,是中华民族伟大复兴历史进程中的巍峨丰碑!

血战湘江

在数以万计的乡镇中,地处广西兴安县的界首镇是中国版图上并不起眼的一个小点。但是,80 多年前,就是在界首镇江边一个小小的渡口,中央红军突破湘江,使得敌人围歼红军的企图宣告破产。

界首三官堂曾是红军渡江指挥部,因当地群众纪念红军,后来被称作"红军堂"。堂前石碑上镌刻的细密文字向人们诉说着当年惊心动魄的故事:英勇红军,挥师西向,前有强敌,后有虎狼……数万将士,血洒湘江,为国捐躯,长眠山岗……

这是怎样的一场血战!红三军团为了挡住扑向渡口、扑向中央纵队的敌人,在新圩死守四天四夜,师以下团营连指挥员几乎全部阵亡;红一军团在脚山铺一带阻击敌人,付出了牺牲3000多人的沉重代价;红五军团第三十四师担任总后卫任务,全体将士用血肉之躯铸成铜墙铁壁,与敌人血战数日……

"暗红的血,像无数条蚯蚓在焦黑的土地上蠕动。山上山下,尸体一具挨着一具,有的俯卧,仍紧紧握着枪;有的仰躺,望着冬日苍白的天空;被炮火烧焦的树上,挂着血肉模糊的残肢和烂成碎片的军衣,在寒风中

血战湘江

轻轻抖动,像一簇簇灰色的野火……"这是后人描述的当年红三十四师的战场。然而,这支红军队伍之悲壮惨烈,又岂是语言和文字可以表达的!

当年,许多红军将士连名字都没有留下,就将满腔热血洒于红色沃土,将英魂融入滔滔北去的湘江。

"为有牺牲多壮志,敢教日月换新天。"据介绍,湘江战役是红军自长征出发以来最壮烈的一仗,也是关系红军生死存亡的关键一仗。中央红军由长征出发时的8.6万人,减少到3万余人。红军以数万将士的巨大牺牲,撕开了数十万国民党军的重重包围。

四渡赤水

1935年1月遵义会议后,中央红军准备北渡长江,到四川西北地区建立苏区。1月29日西渡赤水河,挺进到云南扎西(今威信)地区。蒋介石急忙增强长江防御。为争取主动权,中央红军突然回师东进,于2月18日至21日,二渡赤水河,再次攻占遵

宣传画:四渡赤水

义,取得了长征后第一个大胜仗。

为迷惑敌人,3 月 16 日,中央红军三渡赤水河,进入四川古蔺地区。蒋介石急忙调兵西追。中央红军突然折回向东,于 3 月 21 日四渡赤水河,并于 31 日南渡乌江,将敌军甩在乌江以北,然后直逼贵阳,威胁昆明。当敌调兵回救昆明时,中央红军又于 5 月上旬巧渡金沙江,彻底摆脱了数十万敌军的围追堵截。

四渡赤水,使红军跳出了数倍于自己的敌军的包围圈,变被动为主动,把一盘死棋走活。如果说遵义会议是中国革命生死攸关的转折点,那么,真正拯救红军和中国革命的,就是红军统帅毛泽东指挥的四渡赤水战役。

强渡大渡河

1935 年 5 月 24 日晚,中央红军先头部队第一师第一团经过 80 多公里的急行军,赶到大渡河右岸的安顺场。此地由川军两个连驻守,渡口有川军第二十四军第五旅第七团一个营筑堡防守。当晚,红一团由团政治委员黎林率第二营到渡口下游佯攻,团长杨得志率第一营冒雨分三路隐蔽接近安顺场,突然发起攻击,经 20 多分钟战斗,击溃川军两个连,占领了安顺场,并在渡口附近找到几只木船。

安顺场一带大渡河宽 100 多米,水深流急,高山耸立。在红军到达之前,川军第五旅第七团一个营抢占了这一地区,正在构筑工事,凭险防守。情况对红军十分不利。

25日晨,红一团开始强渡大渡河。刘伯承、聂荣臻亲临前沿阵地指挥。红一团第一营营长孙继先从第二连挑选17名勇士组成渡河突击队,连长熊尚林任队长,由帅士高等4名当地

强渡大渡河

船工摆渡。这一战关系全军成败,只有战胜一切困难,完成任务,才能为全军打开一条通向胜利的道路。7时,强渡开始,岸上轻重武器同时开火,掩护突击队渡河。炮手赵章成两发迫击炮弹命中对岸碉堡。突击队冒着川军的密集枪弹和炮火,在激流中奋勇前进。快接近对岸时,川军向渡口反冲击,杨得志命令再打两炮,正中川军。17位勇士战胜了惊涛骇浪,冲过了敌人的重重火网,终于登上对岸。

敌人见红军冲上岸滩,便往下甩手榴弹。智勇双全的勇士们利用又高又陡的台阶死角作为掩护,沿台阶向上猛烈冲杀。在右岸火力的支援下,勇士们击退了川军的反扑,控制了渡口,后续部队及时渡河增援,一举击溃川军一个营,巩固了渡河点。随后,红一军团第一师和干部团由此渡过了被国民党军视为不可逾越的天险大渡河。

强渡大渡河是红军的一次生死之战。17位勇士在作战中的英雄壮举在中国革命战争史上留下了光辉的一页。

飞夺泸定桥

中央红军渡过金沙江后,向大渡河挺进。红军一开始选择的渡河地点在安顺场,虽然占领了渡口,但由于水深流急,无法架设

浮桥,而红军仅找到 4 只小船,大部队难以迅速过河。

毛泽东同周恩来、朱德到达安顺场,听取汇报后,决定派中央红军主力火速抢占距离安顺场 320 里的泸定桥。在后有追兵的危急情势下,能否夺取大渡河上唯一的桥梁——泸定桥,成为红军是否能够胜利渡河、脱离险境的关键。

飞夺泸定桥

泸定桥距安顺场 320 里,全是山路,一面是悬崖陡壁,一面是奔腾咆哮的大渡河,河边是坎坷不平的羊肠小道。从安顺场到泸定桥,作为左纵队前锋的红二师四团 27 日早上从安顺场出发,一面行军,一面打仗,头一天行程仅 80 余里。次日凌晨,朱德命令左、右两路纵队先头部队于 29 日赶到泸定桥。余下的 240 里要在一天时间走完,更何况当时还下着大雨,其困难可想而知。在红四团向泸定桥急行军的时候,对岸川军刘文辉部队向泸定桥增援。后来,对岸敌人疲惫不堪宿营时,红四团战士还在拼命往前赶,最后硬是创造了一天一夜急行军 240 里的奇迹,于 29 日清晨抢占了泸定桥的西桥头。

红军到达泸定桥时,敌人已经把桥上的木板拆除了。铁索离水面很高,下面是奔腾的河水,上面的木板被拆得七零八落,只能依赖 13 条光溜溜的铁索。这样一座铁索桥,别说要在枪林弹雨中夺过来,就是走过去也让人不寒而栗。

红军没有退路,夺占泸定桥是唯一选择。面对困难,红军战士勇往直前,义无反顾。22 位勇士组成突击梯队,攀着桥栏,踏着铁索向对岸冲去,其他部队跟在后面,边冲锋边铺木板。突击队员刚冲到东桥头,敌人就放起火来,东桥头顿时被熊熊大火包围。红军勇士奋不顾身地冲进大火,穿过滚滚浓烟,与敌军展开生死搏斗。最终,敌人只得丢桥溃逃。

翻越夹金山

夹金山是四川雅安市宝兴县与阿坝州小金县的界山。夹金山在藏语中称"甲几",意为"很高、很陡","夹金"为译音。当年红军翻越的垭口海拔为 4114 米。山上云雾缭绕,白雪皑皑,空气稀薄,没有人烟,气候无常。"夹金山,夹金山,鸟儿飞不过,人不可攀。要想越过夹金山,除非神仙到人间!"这首藏乡民谣就是对夹金山恶劣环境的真实写照。80 多年前,红军将士凭着"革命理想高于天"的顽强意志,完成了三次徒步翻越:

第一次是在 1935 年 6 月中旬。红一方面军主力陆续从宝兴硗碛,翻越夹金山王母寨垭口(海拔 4114 米)进至达维,与红四方面军会师;红一师则翻越了程胡岭垭口(海拔 4400~4500 米),进至懋功,与红四方面军接应部队会合。

翻越夹金山

第二次是在 1935 年 10 月下旬。红四方面军一部及中央红军中没有随主力北上而留下的部分红军从懋功(今小金县)翻越夹金山,南下西康。

第三次是在 1936 年 2 月。红四方面军及留下的部分中央红军南下,在西康受阻,又从宝兴翻越夹金山王母寨垭口,经达维、懋功、丹巴向西转移去康北。其中,留下的那部分中央红军有的三次翻越夹金山。

众多红军将士长眠于茫茫雪山。大地为之动容,雪山为之哀伤……

胜利大会师

1936年7月2日,红四方面军在甘孜和来自湘鄂川黔革命根据地的红二、红六军团会合。红二、红六军团加上红三十二军,合编为红二方面军,由贺龙任总指挥,任弼时任政委。

会宁会师

朱德、任弼时、贺龙、叶剑英等对张国焘的分裂行为进行了坚决的斗争。在红四方面军广大指战员的支持下,红二、红四方面军终于共同北上。

1936年10月,红一、红二、红四方面军在甘肃会宁、静宁地区胜利会师。

3支红军会合时虽不足3万人,但他们是经过千锤百炼后保存下来的力量,是中国共产党和红军的宝贵精华。彼时正值抗日烽火即将在全国燃起,三支主力红军在接近抗日前线的陕北会师具有重大的历史意义。

历史资料　　红军长征中的四支队伍行程

1. 中央红军于1934年10月10日由江西瑞金等地出发,于

1935 年 10 月 19 日到达陕西省的吴起镇(今吴起县),行程达二万五千里。

2. 红二十五军于 1934 年 11 月 16 日由河南省罗山县何家冲出发,于 1935 年 9 月 15 日到达陕西延川永坪镇,同陕甘红军会师,合编为红十五军团,行程近万里,是最早到达陕北的一支红军。

3. 红四方面军于 1935 年 5 月初放弃川陕苏区,由彰明、中坝、青川、平武等地出发,向岷江地区西进,于 1936 年 10 月 9 日到达甘肃会宁,与红一方面军会师,行程一万余里。

4. 红二、红六军团于 1935 年 11 月 19 日由湖南桑植刘家坪等地出发,于 1936 年 10 月 22 日到达会宁以东的将台堡,同红一方面军会师,行程二万余里。

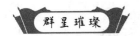

群星璀璨

邓萍——长征中牺牲的红军最高将领 🔍

攻取遵义城,在我党、我军的发展史上具有重要意义。也就是在这场战斗的前夕,我红三军团参谋长邓萍壮烈牺牲,成为红军长征途中牺牲的最高将领。

1935 年 2 月,整编后任红三军团十二团二营教导员的谢振华率部抵进贵州省桐梓县城以南的红花园村后,稍作调整,待命夺取娄山关。

红三军团以十三团为主攻,十团、十一团从两翼迂回,以十二团为预备队的阵形,向娄山关发起攻击。

两军相遇勇者胜。这一仗注定是一场恶战,关系到红军能否在敌中央军赶来之前消灭守关的黔军,为再次夺取遵义城抢占先机,扭转战局。早已摩拳擦掌的十二团官兵接到命令后,立即以一、二营为前锋,对反扑之敌施以迎头痛击。

为了迅速拿下老城,军团参谋长邓萍来到部队驻地,向十一团和十二团的营以上干部传达了彭德怀军团长的决心,即一定要在当晚攻下遵义老城,以便第二天歼灭增援遵义的敌中央军薛岳部队。

为了确保万无一失,军团参谋长邓萍亲自带着张爱萍、王平、谢振华等团营干部,冒着敌人的枪弹匍匐前进,逼近至城下河滩边,隐蔽在一个小土墩的草丛中,用望远镜观察老城地形和敌人守城部署。

邓萍一边观察,一边向大家传达彭德怀军团长的指示:先钳制住守城之敌,待军团主力到达后,于午夜发起总攻,一定要在第二天拂晓前拿下遵义。

雕塑:邓萍壮烈牺牲

天近黄昏,邓萍对敌人城防已经心中有数。他把望远镜递给身旁的张爱萍,吩咐道:"情况紧急,明天增援遵义的敌人就可能赶到……"话音未落,突然一颗子弹打来,邓萍头部中弹,只见他头一歪,一下倒在了张爱萍的怀里。

得知自己的亲密战友和助手邓萍牺牲的消息,彭德怀气得一拳砸在墙上。彭德怀是轻易不流泪的铁汉子,这次他却一任泪水长流。

28日凌晨,悲愤交加的彭德怀向三军团所属的四个团下达了攻击遵义老城的命令：将悲痛化为力量，一定要在拂晓前拿下遵义全城，为参谋长报仇！

"拿下遵义城，为参谋长报仇！"口号声霎时响彻天空。各团突击队抬着云梯，冲到城墙下，再迅速架起，一个接一个地爬上城墙，与敌人展开激战。

愤怒出力量。拂晓前，红军彻底制服了遵义城的敌人，实现了军团首长的决心，再次占领遵义城，为牺牲的邓萍军团参谋长报了仇！

断肠明志的陈树湘

陈树湘出生于长沙县福临镇一个贫苦的佃农家庭。1914 年因家乡遭大旱，他随父亲流落到长沙小吴门外的陈家垅，以种菜、帮厨为生。受到一批湖南早期革命活动家的影响，陈树湘走上了革命道路；1925 年 7 月，陈树湘加入中国共产党。

投身革命后，陈树湘决心为老百姓打出一个新世界。1927 年 9 月，他参加了湘赣边界秋收起义，后随部队上了井冈山，参加了井冈山革命根据地的创建和中央苏区反"围剿"斗争，在战火中逐渐成长为一名英勇善战的红军指挥员。

1934 年 3 月，陈树湘被任命为红三十四师师长。同年 10 月，长征开始，中央红军被迫撤离中央革命根据地，陈树湘奉命率红三十四师担任后卫部队。在突破国民党军第四道封锁线时，陈树湘率全师指战员顽强抗击十几倍于己的敌军，以血肉之躯保护党中央和主力红军，从敌人的围追堵截中杀出一条血路。

湘江战役是红军历史上最惨烈的一次战役。红五军团是红军的总后卫，红三十四师则是"后卫的后卫"，是名副其实的"绝命后卫师"。主力红军突围渡过湘江后，红三十四师一直陷于敌军重重围困之中。血战数日,陈树湘最后一次集合阵地上的战士。一个连长向他报告:"我们现在只有53人,其中15人轻伤、7人重伤,枪支有余,然而子弹只有103发。"陈树湘激励大家:"同志们,我们要并肩作战,不怕流尽最后一滴血!"

突围作战中,陈树湘不幸腹部中枪受伤,落入敌手。1934年12月17日傍晚,正在药铺吃饭的敌营营长听说抓到一名红军师长,欣喜若狂,装出一副笑容,要去搀扶陈树湘。陈树湘看也不看他一眼,用手推开了他。敌营营长企图从陈树湘口里得到红军情报,好向上级请赏,便软硬兼施地进行诱降,送药物医治。陈树湘大义凛然,拒医拒食,视死如归。

敌营营长问:"陈师长,你们有多少红军?"陈树湘回答"湖南都是"。敌营营长又问:"你杀过我们多少人?"陈树湘说他参加红军"打过数百仗,受了十几处伤,为人民消灭了不少害人虫"。陈树湘还要他们不用操这份心了,自己已准备为革命随时献出一切:"你们抓住一个陈树湘,这算不了什么,全国还有千千万万个共产党员和红军战士。革命的烈火,你们是永远扑不灭的!"

敌人便用担架抬着他去向上司邀功。陈树湘趁敌人不备,将手从伤口处伸进自己的腹腔,扯出肠子,用力绞断,壮烈牺牲,以短暂而光辉的一生铸就了不朽的红军英魂,年仅29岁。

2009年,陈树湘被评选为"100位为新中国成立做出突出贡献的英雄模范人物"。

任弼时在长征途中 🔍

46岁病逝的开国元勋任弼时恪守着"能坚持走一百步,就不该走九十九步"的准则,长期为党的事业抱病工作,被党内同志尊称为"任老"。叶剑英元帅曾经非常中肯和准确地评价任弼时:

"他是我们党的骆驼,中国人民的骆驼,担负着沉重的担子,走着漫长的艰苦道路,没有休息,没有享受,没有个人的任何计较。他是杰出的共产主义者,是我们党最好的党员,是我们的模范。"

中国共产党创建才几个月,就有一位不满 17 岁的青年成为党员——此后,他以钢铁般的意志和刻苦耐劳的精神奋斗 30 年。他就是任弼时。虽英年早逝,其精神却在党内影响至深。

当年,贺龙、任弼时率红二、红六军团长征,抵达陕北时,由红二、红六军团、红三十二军组成的红二方面军仍保存一万余人,是三大主力中减员最少的一支队伍,被毛泽东称赞"这是一个了不起的奇迹"。

带病西征

1934 年 7 月,中共中央电令红六军团转移到湖南中部,创立新根据地,并与贺龙领导的红三军取得联系。同时,党中央指派任弼时为中央代表随军西征。

时任红六军团军政委员会主席的任弼时得了很重的疟疾,脸色蜡黄,常常满身虚汗,发烧时,头和手脚都肿起来,但他从没哼过一声,仍然坚持指挥西征中的重大战斗行动。

部队在贵州期间,红军一天吃不上一顿饭,常常饿着肚子行军打仗,更别说吃药看病了。任弼时忍受着疾病的折磨,照常和萧克军团长、王震政委一起研究战局,安排部队的工作。战士们见他病得厉害,给他扎了一副担架,让他躺上去。他总是说"不用,不用",硬是凭着坚强的革命意志,手拄着木棍,率领全军前进。

草地故事会

长征中,任弼时不管碰到什么艰难困苦,都以谆谆的言语、娓

任弼时（站立者）在转战途中

娓动听的故事激励战士们克服困难，坚持北上。1936年7月中旬，红二方面军踏上艰苦的草地征程，部队晚上宿营的时候，任弼时的篝火旁总是密密麻麻地围满了人。战士们虽然肚子里装的是野菜、树皮汤，但一个个都屏住呼吸，聚精会神地听任弼时操着湖南口音，讲太平天国的故事，讲井冈山斗争的故事。

围在篝火边的红军战士好些天都没吃到过粮食了，再加上日日行军，十分疲劳。但听了任弼时讲的话，他们总能信心百倍，精神倍增。

半根牛皮带

任弼时在红二、红六军团既是中央代表，又是军团主要负责人，但他从不以领导者自居，处处身先士卒，与战士们同甘共苦。战士们睡稻草，他也睡稻草；大家挨饿受冻，他同样挨饿受冻。大家休息了，他却经常得不到休息，还要忙着了解部队行军作战的情况，和其他领导一起部署下一步的行军路线和作战计划。爬雪山的时候，他自己身体很差，却把马让出来，用于往返抢救受伤和体弱生病的干部和战士。当时他30多岁，但身体虚弱，经常生病，看上去像50多岁的人，可他心里始终想着部队和战士。寒冷的下雨天，他毫不犹豫地把自己身上的大衣脱下，盖在伤员吴昆身上。警卫员刘永珍病了，他把仅有的一颗药丸给小刘服用。红二、红六军团过草地的时候，一连走了十几天，粮食没有了，野菜也挖不到了。一天，警卫员正发愁找不到可食的东西给首长做饭,只见任弼时随手从草地上拔起一把草,乐呵呵地说:"野草甜,野草香,红军粮食满山岗。这不就是吃的吗?"警卫员说:"草不能吃。"

任弼时略一思索,一眼看见警卫员身上的牛皮手枪背带,便乐了,说:"快把皮带解下来,这个加工一下可以吃呀!"任弼时让警卫员找来一把小刀,一人扯住皮带一头,一寸一块,第一次割了8块。任弼时点起火,把牛皮扔进火堆里烧了起来。当牛皮烧得见焦时,他就很有经验地把皮面上的黑焦煳刮掉,再把牛皮放到水里煮。这东西是煮不烂的。煮了一个多小时,任弼时幽默地说:"可以了,咱们吃牛肉吧。"便带头夹起一块吃起来,一面"咯吱咯吱"地嚼着,一面风趣地说:"这东西很有味道。"

这时,军团其他领导贺龙、关向应正好路过,也各自夹起一块尝了尝,连声说:"这比野菜强。你们真有办法。"于是,军团首长号召部队吃牛皮带,以解决部队的粮荒。即使这样,任弼时还不忘嘱咐一句:"牛皮带也不多,大家要有计划地吃,节约地吃。"

红二方面军政治委员任弼时和警卫员李少清在长征过草地时吃剩的皮带

半根牛皮带

任弼时当时有两条牛皮带,最后吃得只剩半条。他在这条未吃完的皮带上用钢笔写下一行字:"越吃越健康,将革命进行到底!"如今,这半根牛皮带作为革命文物,珍藏在中国人民革命军事博物馆中。

长征路上的女红军

在红军长征的队伍中,有一个特殊的群体——女红军。

长征中,为摆脱敌人的围追堵截,部队要不停地赶路。女红军如果遇上生理期,尽管腹部绞痛、两腿发抖,还是捂着肚子一步步往前挪。宿营时,往往三五人挤在一起,躺卧在冰冷潮湿的地上。无奈之下,有的女红军居然练就了站着睡觉的本事。

雕塑:长征中的女红军

当时规定,对实在走不动的伤病员,给八块大洋寄养在当地老百姓家里。为了跟上大部队,女红军们提出一个朴素的口号:"不掉队,不带花,不当俘虏,不得八块钱。"

恶劣的自然条件和严重的物资匮乏使正值豆蔻年华的女红军忘记了自己的性别。为在作战时不被敌人认出是女的,她们剪去了长发。风餐露宿,长途行军,根本没条件考虑个人卫生问题,红军个个衣衫褴褛、蓬头垢面,头上长满了虱子。每当宿营时,无论男女老少、职务高低,都有一项"必修课"——捉虱子。为此,一些女红军干脆剃成光头。

漫漫长征路,女红军有的在战斗中牺牲,有的在行军路上倒下,有的因环境条件恶劣而导致生理产生变化,终生不育,更有在长征途中分娩的母亲,产后不得不忍痛把刚出生的孩子托付给老乡抚养,却从此生死不明……为了革命的胜利,她们牺牲了爱情,牺牲了亲生骨肉,甚至献出了宝贵的生命……

3. 冒着敌人炮火前进

中国人民抗日战争的胜利是 100 多年来中国人民反抗外敌入侵,第一次取得完全胜利的伟大民族解放战争,也是中华民族走向复兴的历史新起点。

从 1931 年"九一八"事变爆发,到 1945 年日本宣布无条件投降,在长达 14 年艰苦卓绝的斗争中,中国共产党始终坚持、发扬以爱国主义为核心的民族精神,坚信最后胜利必然属于中国。

伟大的东北抗联

东北抗日联军是中国共产党创建最早的抗日武装。白山黑水、冰天雪地,他们 14 年周旋苦战,牵制了数十万日伪正规军。杨靖宇、赵一曼、赵尚志……一个个英雄的名字永垂史册。

这是怎样的一种精神?提起白山黑水间的那段抗战岁月,92岁的抗联老战士李敏曾不禁热泪盈眶:"没有粮食吃,大家就吃草根、吃树皮、吃皮带、吃棉袄里的棉花籽……在抗联,牺牲比活着容易,但我们得活着,活着打鬼子!"

这是怎样的一种无畏?"如果中国人都投降了,那还有中国吗?"弹尽粮绝、身陷重围,东北抗联第一路军总指挥杨靖宇对前来劝降的人这样说。

这是怎样的一种壮烈？顽强战斗，使抗联部队从最多时的 3 万多人锐减到最少时不足 2000 人。军以上领导干部牺牲 40 多位，师级干部牺牲 100 多位。

中共党员、抗联名将赵尚志牺牲后，敌人残忍地割下他的头颅。得知死讯后，赵尚志的老父亲没有落泪，平静地对家人说："我死后，在我坟前戳个板儿，上面写上'赵尚志之父'五个字足矣。"

东北抗联战旗　　　　　　老照片：东北抗联战士

这就是与穷凶极恶的日本侵略者展开长达 14 年艰苦卓绝斗争的东北抗联。这就是视死如归、宁死不屈，在生与死、血与火的磨砺中熔铸成的伟大的东北抗联精神。

在 5000 多个殊死搏斗的日日夜夜，东北抗联孤悬敌后，在敌强我弱、环境极端恶劣的条件下，浴血奋战、周旋苦斗。在冬季零下三四十摄氏度的极度严寒中作战，抗联官兵竟仅穿着有窟窿的单衣；在雪地里宿营、行军，有的官兵脚趾竟被冻掉；没有粮食，树皮、草根竟成为官兵的"美味佳肴"……东北抗联作战环境之恶劣、条件之艰苦、战斗之惨烈，无法用一个"艰苦卓绝"来说尽。但官兵们在中国共产党的领导下，继续高举抗日旗帜，团结东北各族人民，不屈不挠，以英勇顽强的大无畏革命精神与日本侵略者进行着殊死斗争。从 1931 年到 1945 年，日军在东北共死伤 18

万余人，伪军死伤 5 万余人。

1945 年 8 月 15 日，日本宣布无条件投降，东北抗日联军部队利用与苏军配合作战的有利条件，迅速占领了长春、哈尔滨、沈阳、吉林、佳木斯、齐齐哈尔、延吉、北安、绥化、海龙等 70 余座大中城市和县镇，并在苏军配合下发动群众，摧毁敌伪势力，扩建部队，维护社会秩序，保卫抗战胜利成果，接应八路军、新四军部队挺进东北，建立稳固的东北根据地。

平型关大捷

1937 年 9 月 25 日，中国共产党领导的八路军一一五师以一场漂亮的战役打破了日军"不可战胜"的神话。这场战斗就是历史上著名的"平型关大捷"。

"七七事变"爆发后，日本帝国主义挑起全面侵华战争，扬言要在 3 个月内灭亡中国。日军深知，欲全面控制华北，必先占领素有"华北之锁钥"之称的山西。1937 年 9 月初，晋北重镇大同及周围各县相继沦陷，晋北门户大开。日本侵略者所到之处，烧杀抢掠，无恶不作。入侵山西以后，日军先后制造了阳高屠城、天镇屠城等 40 余起惨案，无数无辜百姓倒在了侵略者的屠刀之下，三晋大地一片血雨腥风。一时间，山西危急！华北危急！中华民族危急！正是在这样的背景下，勇敢无畏的八路军一一五师背负着人民的期望，日夜兼程，开赴晋东北抗日前线。

1937 年 9 月 19 日，八路军一一五师到达灵丘上寨地区。9 月 20 日，日军二十一旅团攻占灵丘，挥师直指平型关。23 日凌晨，八路军总部给一一五师下达了向平型关出发、痛击来犯之敌的作战命令。

25 日 7 时许，设伏部队 685 团所部首先发现敌军，由 100 余辆汽车组成的车队由西向东钻进了八路军的伏击圈。稍后不久，又有一支携带着被服粮秣，由 200 余辆大车组成的日军运输部队向西行军，也闯入了八路军的设伏阵地。7 时 30 分左右，前方部队报告，日军已全部进入我军伏击区。

伴随着两颗信号弹腾空而起，埋伏已久的战士们向敌人发起猛烈攻击。所有武器一齐对准敌阵，喊杀声、枪炮声响彻山谷，日军顿时被打得人仰马翻，乱作一团。但是，在短暂的混乱之后，日军很快恢复了冷静指挥，并依托汽车等掩体向我军阵地疯狂扫射。

伏击杀敌

随着战斗的进行，我军武器射程短、弹药少的劣势逐渐暴露出来。为了避免更大的牺牲，我军指战员决定立即发起冲锋。战士们在冲锋号声中以猛虎下山之势冲入敌阵，与日军展开激烈的白刃肉搏战。战斗进行得极其惨烈，很多连队纵使伤亡过半，依然在与日军顽强拼杀。战士们心中只有一个信念，"消灭鬼子，全歼敌人"。子弹打光了就用大刀砍，大刀砍钝了就用石头砸，实在不行就跟日军赤手肉搏。拼杀声一直持续到 15 时左右才逐渐归于沉寂。最终，除了极少数日军得以逃窜之外，八路军几乎全歼了来犯之敌。

这一仗，打击了日军的狂妄气焰，打出了八路军的威风，打出了中国军人的精神，打出了中国人民不畏强敌、誓将日寇逐出中国的决心与信念。

"首战平型关,威名天下扬。"平型关战役是八路军东渡黄河后与日军的第一次交锋,也是 1894 年以来中国军队对日作战的首场胜利。这场大胜好比一剂强心针,极大地提振了中国民众的抗日信心。在接下来的 8 年里,"参加八路军,抗战打鬼子"在华夏大地蔚然成风。

国家公祭日

第十二届全国人大常委会第七次会议经表决通过全国人大常委会关于设立南京大屠杀死难者国家公祭日的决定,确定每年 12 月 13 日为南京大屠杀死难者国家公祭日。

1937 年 12 月 13 日,侵华日军在中国南京开始对中国同胞实施长达 40 多天惨绝人寰的大屠杀,30 多万人惨遭杀戮,制造了震惊中外的南京大屠杀惨案。这一公然违反国际法的残暴行径铁证如山,经第二次世界大战后设立的远东国际军事法庭和南京审判战犯军事法庭审判,早有历史结论和法律定论。

制定该国家公祭日,是为了悼念南京大屠杀死难者和所有在日本帝国主义侵华战争期间惨遭日本侵略者杀戮的死难同胞,揭露日本侵略者的战争罪行,牢记侵略战争给中国人民和世界人民带来的深重灾难,表明中国人民反对侵略战争、捍卫人类尊严、维护世界和平的坚定立场。

百团大战

百团大战是中国抗日战争时期,中国共产党领导下的新四军、八路军与日本侵略者在中国华北地区发生的一次规模最大、持续时间最长的战役。

自 1939 年冬季以来,日军以铁路、公路为支柱,对抗日根据地进行频繁扫荡,并企图割断太行、晋察冀等战略区的联系,推行所谓"以铁路为柱,公路为链,碉堡为锁"的"囚笼政策"。对此,八路军总部决定发动交通破击战,重点破袭正太铁路和同蒲路北段,给日本华北方面军以有力打击。

按八路军总部原来规定,参战兵力不少于 22 个团。但战役发起后,由于八路军广大指战员和抗日根据地民众痛恨日军的"囚笼政策",参加破击战的积极性非常高,因此各部投入了大量兵力。当彭德怀、左权在八路军总部作战室听取战役情况汇报、得知实际参战兵力达到 105 个团后,左权兴奋地说:"好!这是百团大战。"彭德怀说:"不管一百多少个团,干脆就把这次战役叫作'百团大战'好了!"

1940 年 8 月 20 日晚 22 时,由聂荣臻指挥的晋察冀军区预先埋伏在正太路旁的 15 个团兵力同时向铁路线上猛扑猛进。

百团大战中的八路军

我军三八五旅主力团十四团由陈锡联旅长带领,在暴风雨中占领狮脑山后,便开始向驻守在阳泉的日军片山旅团司令部兵营猛攻。整个山头烟尘弥漫,碎石飞溅,阵地上的工事多处被毁。我军以 500 把刺刀与敌军展开肉搏。一场惊天地、泣鬼神的厮杀一直持续到天黑,敌军死伤 300 多人,狼狈撤退。我军与敌人浴血奋战了七个昼夜,使狮脑山阵地始终牢牢地固守在我军手中……

历时 3 个半月的百团大战,八路军在地方武装和广大人民群众的紧密配合下,一共进行了 1800 多次战斗,拔除敌人据点约 3000 个,击毙击伤日伪军 2.58 万人,俘虏敌人 1.8 万多人,并且缴获了大量军用物资。

百团大战,5000 里旷野上百余团兵力协同动作如一人,令敌惊呼"完全出乎我军意料,损失甚大";连骄傲自负的美国将军麦克阿瑟也盛赞是"天才的指挥官打出的天才的战役"!

血战刘老庄

刘老庄乡位于江苏淮安淮阴区西北 28 公里处,北与古寨乡接壤,南邻五里镇,东接淮高路与老张集乡毗邻,西连 205 国道紧接徐溜镇,如今的京沪高速穿乡而过。

1943 年 3 月 18 日,在刘老庄发生了一场敌我力量异常悬殊的战斗。我新四军三师十九团四连的 82 位勇士为了挡住 3000 多日寇对我淮海区党政机关的突然袭击,进行了浴血奋战。这些战士大多经过战火的锤炼,有的还是爬过雪山、走过草地的老红军。他

82 烈士浴血奋战抵日寇

们决心以少抗多,拖住敌人,绝不让我党政领导机关蒙受损失。同时,为减少村中人民群众生命财产的损失,四连指战员决定撤到村外开阔地与日寇决战。

从拂晓到黄昏,敌人发动了 5 次冲锋,但在 82 位勇士面前,

除留下 200 多具死尸，带走 300 个伤员外，未能前进寸步。恼羞成怒的日寇集中了上百门山炮、迫击炮，向我四连阵地整整轰击了 5 个多小时。四连勇士在弹尽粮绝、敌人炮火不停轰击的情况下，上好刺刀，决心与敌人血战到底。经过一场激烈的白刃战，终因敌我力量差距过大，四连勇士全部壮烈殉国。但日寇妄图合围我淮海区党政机关的阴谋遭到了彻底的失败。

82 烈士气壮山河的英雄气概激励了解放区的抗日军民。朱德总司令在《论解放区战场》中称赞 82 烈士是人民军队"英雄主义的最高表现"；陈毅代军长说，这是"惊天地、泣鬼神的壮举"！

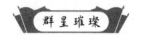

民族脊梁杨靖宇

英雄杨靖宇

杨靖宇，1905 年出生于河南省确山县。1926 年加入中国共产主义青年团。1927 年 4 月参与领导确山农民暴动，同年 5 月转入中国共产党。大革命失败后，组织确山起义，任农民革命军总指挥。1928 年后，在河南、东北等地从事秘密革命工作。曾 5 次被捕入狱，屡受酷刑，坚贞不屈。

1931 年"九一八"事变后，杨靖宇任中共哈尔滨市委书记兼满洲省委军委代理书记。1932 年秋被派往南满，组建中国工农红军第三十二军南满游击队，任政治委员，创建了以磐石红石砬子为中心的游击根据地。1933年9月任东北人民革命军第一军第一独立师师长兼政治委员。1934年4月联合17支抗日武装成立抗日联合军总指挥部，任总指挥。后任东北抗日联军第一军军长兼政治委员、东北抗日联军第一路军总司令兼政治委员。他率部长期转战于东南满大地，威震东北，配合了全国的抗日战争。

中共六届六中全会曾致电，向以杨靖宇为代表的东北抗日武装表示慰问，赞之为"冰天雪地里与敌周旋七年多的不怕困苦艰难奋斗之模范"。

1939年，在东南满地区秋冬季反"讨伐"作战中，杨靖宇与魏拯民等指挥部队化整为零，分散游击。自己率警卫旅转战于濛江一带，最后只身与敌周旋5昼夜。1940年2月23日在吉林濛江三道崴子壮烈牺牲，时年35岁。为纪念这位抗日英雄，1946年，东北民主联军通化支队改名为杨靖宇支队，濛江县改名为靖宇县。

在杨靖宇将军牺牲前的一个多小时，接到叛徒告密的敌人又派出5批近200人围剿。"敌人心里明白，杨靖宇身经百战，他们不多派日军是根本斗不过大老杨的。"抗联老战士曾经说。

杨靖宇塑像

直到生命的最后一刻，杨靖宇还是把枪口对准了敌人。日本侵略军所谓"讨伐队"曾留下一段战场实录这样记述：已经向他（杨靖宇）逼近到100米、50米，完全包围了他，劝他投降。可是，他连答应的神色都没有，依然不停地手持双枪向讨伐队射击。交战 20 分钟,有一弹中其左腕。但是,他继续用右手持枪应战。讨伐队认为生擒困难,遂猛烈向他开火。

终因寡不敌众,杨靖宇被敌弹射中胸膛。他持平手中匣子枪,厉声怒斥:"谁是抗联投降的,滚出来,我有话说。"语毕,高大的身躯便仰面倒在大树旁,终年 35 岁。鲜血染红了皑皑白雪——时间定格在 1940 年 2 月 23 日 16 时 30 分。

杨靖宇牺牲后,日本侵略者始终无法理解的是:自 2 月 18 日以来,他已被围困在冰天雪地里,完全断粮 5 天 5 夜,他究竟靠什么生存? 为了解开谜团,敌人残忍地将他剖腹查看,发现他的胃里尽是枯草、树皮和棉絮,竟无一粒粮食! 连参与围剿的日军头目也不得不承认:"睹其壮烈亦为之感叹,大大的英雄!"

左权——抗战中牺牲的八路军最高指挥官

怀抱女儿的左权将军

左权幼年丧父,家境贫寒,深受母亲坚强和勤劳品质的影响,形成了刚毅倔强的性格。他自幼聪慧过人,8 岁读私塾,10 岁便能写诗作对,14 岁转入高小学习,成绩名列前茅。袁世凯签订丧权辱国的"二十一条"时,他身背"毋忘'五·七'国耻"标语,在村里谴责其卖国罪行。升入中学后,左权参加社会科学研究社,受到五四运动影响,决心外出追求进步。

1924 年入黄埔军校第一期学习。1925 年 2 月加入中国共产党。同年 12 月赴苏联学习。1930 年回国后到中央苏区,参加历次反"围剿"作战和万里长征。

全国抗战爆发后,担任八路军副参谋长、八路军前方总部参谋长,后兼八路军第二纵队司令员,协助朱德、叶剑英指挥八路军开赴华南抗日前线,开展敌后游击战争,粉碎日军多次残酷"扫荡",威震敌后。其高超的指挥艺术,严密细致的参谋业务,扎实的工作作风,深受赞扬。

1940 年秋,左权协助彭德怀指挥著名的百团大战。1941 年 11 月,指挥八路军总部特务团进行黄崖洞保卫战,经过 8 昼夜激战,以较小的代价歼敌千余人,被中央军委称为"'扫荡'的模范战斗"。他还是一个"有理论修养同时有实践经验的军事家",从 1939 年至 1941 年,他撰写了《论坚持华北抗战》《埋伏战术》《袭击战术》《战术问题》《论军事思想的原理》等文章 40 余篇。左权为创建并巩固华北抗日根据地,发展壮大人民抗日武装以及八路军的全面建设,建立了不朽功勋。

1942 年 5 月,日军调集各路重兵,开始大规模地进攻太行、太岳地区,同时又秘密派出两个精锐连队,化装成八路军模样,骗过了沿途军民,深入太行腹地。5 月 22 日晚,八路军发现各处敌情,当机立断命令主力部队快速开拔,跳出敌人的

左权纪念碑

重兵包围圈,到外线作战。主力开拔后,日军利用先进的电讯情

报技术,搜寻密集向外发送电话、电报讯号的中心,发现了八路军总部所在地,立即调集重兵包围。而此时,那支冒牌的八路军在我方毫无察觉的情况下,正悄悄地向八路军逼近。

5月23日,八路军总部得到准确的情报,发现了来犯之敌。此时形势已万分危急,数十倍的敌军精锐正疯狂地扑来。敌众我寡,总部连夜召开紧急会议,决定分散突围。24日晚,总部机关趁黑突围,连夜突破敌人三道封锁线,次日凌晨再次遭到日军重兵包围。左权不顾个人安危,坚决要求断后。在掩护总部领导骨干成功突围后,左权不幸被敌炮击中,壮烈牺牲,年仅37岁。

左权是八路军在抗日战场上牺牲的最高指挥员(国民革命军作战序列中其军衔为少将)。名将阵亡,太行山为之低咽,全党为之悲痛。周恩来称他"足以为党之模范";朱德赞誉他是"中国军事界不可多得的人才",赋诗悼念:"名将以身殉国家,愿拼热血卫吾华。太行浩气传千古,留得清漳吐血花。"

人民音乐家聂耳 🔍

雄壮激昂的《义勇军进行曲》是人民音乐家聂耳所作。聂耳,原名聂守信,1927年考入云南省立第一师范学校。1928年加入中国共产主义青年团。1930年到上海,参加反帝大同盟,并积极投身于中国共产党领导下的革命文艺活动。

1933年初,聂耳由田汉介绍加入中国共产党。从此,聂耳不仅获得了新的政治生命,其艺术才华也得到了进一步的发挥,成为中国新音乐的开路先锋和反法西斯的勇士。在此后的两年时间里,聂耳为歌剧、话剧和电影谱写了《新女性》《开路先锋》《大路歌》《前进歌》《毕业歌》《铁蹄下的歌女》等主题歌和插曲30多首,在全国广为传唱,对激发民众的抗日救亡运动起到了积极作用。

1935 年,聂耳为电影《风云儿女》主题歌《义勇军进行曲》谱曲。这首作品一经诞生,立即就像插上了翅膀,在祖国大地上到处传唱,奏响了挽救民族危机的时代最强音。

1949 年 9 月,中国人民政治协商会议第一届全体会议确定《义勇军进行曲》为代国歌。1982 年 12 月,中华人民共和国第五届全国人民代表大会第五次全体会议确定《义勇军进行曲》为中华人民共和国国歌。

聂 耳

由于聂耳所谱写的大量歌曲反映了人民心声,反动当局企图加害于他。按照党组织决定,聂耳离开了上海,准备取道日本奔赴苏联。1935 年 7 月 17 日,聂耳在日本一处海滨游泳时不幸溺水身亡,年仅 23 岁。

2009 年,聂耳被评选为“100 位为新中国成立做出突出贡献的英雄模范人物”。

坚决跟党走的马本斋

抗日战争时期,华北平原上活跃着一支以回民兄弟为主组成的部队——回民支队。这支部队屡建战功,给日本侵略者以沉重打击,被八路军冀中军区誉为“无攻不克,无坚不摧,打不垮、拖不烂的铁军”。毛泽东称其为“百战百胜的回民支队”。马本斋就是这支英雄支队的司令员。

马本斋,1901 年出生于河北省献县的一个回族农民家庭。早年投身奉军,逐级升至团长。1931 年“九一八”事变后,因不满蒋介石的不抵抗政策,毅然弃官返乡。全国抗战爆发后,在家乡组织回民义勇队,奋起抗日。1938年率队参加八路军,所部改编为冀中军区回民教导总队,任总队长。次年教导总队改称冀中军区回民支队,任司令员。

马本斋作战勇猛,身先士卒,在回民支队和广大群众中有很高威望。从1937年至1944年,马本斋率部经历大小战斗870余次,歼灭日伪军3.6万余人,打得敌人闻风丧胆。

马本斋画像

马本斋在革命斗争中深深感受到党的伟大,决心加入中国共产党。他在入党申请书中写道:"我甘心情愿把我的一切献给伟大的中国共产党,献给为回族解放和整个中华民族的解放而奋斗的伟业。"1938年10月,马本斋光荣地加入中国共产党。

由于长期的艰苦作战,马本斋身患重病。1944年1月,在回民支队奉命开赴延安前,他抱病做了最后一次动员报告,叮嘱同志们:"要跟着党,跟着毛主席,抗战到底!"同年2月7日,马本斋在山东莘县病逝。

1944年3月17日,延安各界举行马本斋追悼大会,毛泽东、周恩来、朱德等中央领导送去花圈和挽联。毛泽东的挽词是:"马本斋同志不死!"周恩来的挽词是:"民族英雄、吾党战士!"朱德的挽词是:"壮志难移,回汉各族模范。大节不死,母子两代英雄!"

4. "三大战役"锁定胜利

阅读导航

1946年6月至1949年9月,中国人民解放军在中国共产党的领导下,为推翻国民党反动统治、解放全中国,进行了艰苦卓绝的战争。这是一场事关中国前途命运的大决战。

1947年7月,解放军由战略防御转入战略进攻,接着连续进行了辽沈、淮海、平津三大战役,基本上消灭了国民党军主力。1949年4月,解放军横渡长江,解放南京,基本宣告了国民党统治的覆灭。1949年10月1日,在解放军向全国进军途中,中华人民共和国在北京宣告成立。

经典回顾

辽沈、淮海、平津三大战役

从1948年9月至1949年1月,人民解放军先后进行了辽沈、淮海、平津三大战役,采用"关门打狗""猛虎掏心""瓮中捉鳖"等战术,共歼灭和改编国民党军队150多万人,国民党军队的主力基本被消灭。大大加速了人民解放战争在全国的胜利。

辽沈战役 1948年9月12日,林彪、罗荣桓率东北解放军发动攻击,连克辽宁昌黎、滦县、兴城、绥中、义县,国民党军被分割在锦州、锦西、山海关地区。蒋介石急调北宁县华北"剿总"5个师和山东的两个师,连同原在锦西4个师,共11个师,于10月10

日至 15 日猛攻塔山,以解锦州之围,但未能突破解放军的阵地。

10 月 11 日,廖耀湘指挥的国民党军第九兵团 11 个师和 3 个骑兵旅由沈阳驰援锦州,亦被阻止在黑山、大虎山东北地区。

14 日,东北野战军对锦州市发起攻击,15 日攻克,全歼守敌,俘敌 10 万余人。17 日,驻守长春的曾泽生率第六十军 26000 人起义,其余在东北"剿共"副总司令郑洞国率领下投降。

蒋介石此时仍想夺回锦州,打通关内外联络,令第九兵团继续向锦州前进。东北野战军主力于 26 日在黑山、大虎山将第九兵团包围,经两天激战,歼敌 10 万人,廖耀湘等多名高级将领被俘。11 月 2 日解放沈阳、营口,再歼敌近 15 万人。

此役历时 52 天,共歼敌 47 万人,解放了东北全境。

淮海战役　淮海战役以徐州为中心,东起海州、西至商丘、北至临城。淮海战役于 1948 年 11 月 6 日发起,到 22 日为战役第一阶段。在这个阶段中,华东野战军在碾庄圩地区歼灭黄百韬兵团 10 万人,中原野战军也完成对徐州的战略包围。11 月 23 日到 12 月 15 日为淮海战役第二阶段。在这个阶段中,中原野战军及华东野战军一部在宿县西南的双堆集地区包围并歼灭黄维兵团 11 万人。在杜聿明指挥的徐州国民党军 3 个兵团共计 25 万人向西突围时,华东野战军主力将这股敌人合围于永城东北的陈官庄地区,并歼灭其中的孙元良兵团约 4 万人。12 月 15 日到 1949 年 1 月 10 日为淮海战役第三阶段。1949 年 1 月,华东野战军发起对杜聿明部的总攻,全歼邱清泉、李弥两个兵团 10 个军约 20 万人。

淮海战役中,人民解放军经过 66 天紧张艰苦的战斗,以伤亡 11 万余人的代价,歼灭国民党军 55.5 万人,使长江以北的华东、中原地区基本上获得解放。

　　平津战役　在辽沈、淮海战役胜利的震撼下,当时集结在平津地区的 60 余万国民党军队已成惊弓之鸟,随时企图从海上南逃或西窜绥远。我军参加此次战役的有东北野战军和华北两个兵团共计 80 余万人,由林彪、罗荣桓、聂荣臻等组成前委和前线总司令部,统一指挥。

　　为了有把握地全歼敌人和避免敌人逃跑,1948 年 12 月 11 日,中央军委下达了由毛泽东起草的《关于平津战役的作战方针》,指出一定时间内,我军的"基本原则是围而不打(例如对张家口、新保安),有些则是隔而不围(即只作战略包围,隔断诸敌联系,而不作战役包围,例如对平、津、通州),以待部署完成之后各个歼敌"。

　　遵照中央和毛泽东的指示,我军精心组织了这次战役。

　　这次战役从 1948 年 11 月 29 日起至 1949 年 1 月 31 日止,历时 63 天,除塘沽守敌 5 万余人从海上逃跑外,敌军 52 万余人全部被歼或改编。至此,中国人民解放军基本上解放了华北全境。

百万雄师过大江

　　1949 年 4 月 21 日,毛泽东、朱德发布了向全国进军的命令。刘邓大军发起渡江战役,一举摧毁了国民党军的"长江防线"。

老照片:百万雄师过大江

4月23日,人民解放军占领南京,宣告了延续22年的国民党反动统治的覆灭。

五星红旗在天安门广场升起

1949年10月1日,中华人民共和国中央人民政府成立典礼(即开国大典)在北京天安门广场隆重举行。

下午3点,中央人民政府委员会秘书长林伯渠宣布中央人民政府成立典礼开始。毛泽东主席向全世界庄严宣告:"中华人民共和国中央人民政府今天成立了!"

第一面五星红旗在
天安门广场升起

在《义勇军进行曲》的雄壮旋律中,毛泽东按动电钮,中华人民共和国第一面五星红旗冉冉升起。

广场上,54门礼炮齐鸣28响,象征着中国共产党领导全国各族人民艰苦奋斗28年的光辉历程。

阅兵式开始,朱德总司令在阅兵总指挥聂荣臻的陪同下,乘敞篷汽车检阅部队。中国人民解放军受阅部队列成方阵,迈着威武雄壮的步伐,由东向西分列式通过天安门广场。与此同时,刚刚组建的人民解放军空军战斗机、轰炸机凌空掠过天安门广场,接受检阅。

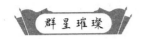

刘胡兰：生的伟大，死的光荣 🔍

刘胡兰，1932年出生于山西文水县云周西村一个贫苦的农民家庭。

1945年11月，刘胡兰参加了文水县党组织举办的妇女训练班。回村后，她担任云周西村妇救会秘书，与党员一起发动群众斗地主、送公粮、做军鞋，动员青年报名参军。1946年6月，她被批准为中共候补党员。这一年，她才14岁。

1946年10月，国民党军进犯文水县城。为保存革命力量，县委决定将大部分同志转移上山，留下部分同志坚持斗争。刘胡兰以自己年纪小、熟悉环境为由，主动要求留下来。她和留下来的同志一起向各村党组织传达党的指示，组织群众掩埋粮食。

1947年1月12日，国民党军队和地主武装"复仇自卫队"包围了云周西村，将群众赶到场地上，刘胡兰因叛徒出卖被捕。

在敌人的威胁面前，刘胡兰坚贞不屈，大义凛然。敌人问她："你给八路做过什么工作？"刘胡兰大声说："我什么都做过！""你为啥要参加共产党？""因为共产党为穷人办事。"敌人恼羞成怒："你小小年纪好嘴硬啊！你就不怕死？"刘胡兰斩钉截铁地回答："怕死不当共产党！"残忍的

刘胡兰塑像

敌人为了使她屈服,在她面前将同时被捕的 6 位革命群众用铡刀杀害。刘胡兰毫无惧色,从容走向铡刀,壮烈牺牲,年仅 15 岁。

1947 年 2 月 6 日,《晋绥日报》刊登了刘胡兰英勇就义的详细报道,并发表评论,号召全体共产党员和解放区军民向刘胡兰学习。同日,延安《解放日报》发表题为《只要有一口气活着,就要为人民干到底——女共产党员刘胡兰慷慨就义》的文章。中共中央晋绥分局追认刘胡兰为中共正式党员。

1947 年 3 月下旬,毛泽东带领中共中央机关转战陕北途中,中共中央书记处书记、中央纵队司令员任弼时向他汇报了刘胡兰英勇就义的事迹。毛泽东问:"她是党员吗?"任弼时说:"她是个优秀的共产党员,才 15 岁。"毛泽东深受感动,挥笔写下了"生的伟大,死的光荣"8 个大字。

2009 年,刘胡兰被评选为"100 位为新中国成立做出突出贡献的英雄模范人物"。

董存瑞:为了新中国,冲啊!

1948 年,为了解放隆化,董存瑞所在部队奉命向隆化城挺进。战士们焦急地等待着总攻信号。随着 3 颗红色信号弹腾空而起,我军强大的炮火把苔山上的敌人火力全部压住。部队向隆化中学发起冲锋。突然,敌人的子弹像暴雨般横扫过来。原来,狡猾的敌人在桥上修了一个伪装得十分巧妙的暗堡,拦住了我军冲锋的道路。这时,董存瑞和战友们纷纷向连长请战,要求把这座桥型暗堡炸掉。白副连长派出李振德等 3 名爆破手去爆破。

李振德冲出不远,炸药包就被敌人枪弹打中,李振德牺牲,其余两名爆破手身负重伤。董存瑞看到战友伤亡,再次挺身请战。白副连长说:"你已经几次完成爆破任务了……"不容白副连长说完,董存瑞就抢着说:"我是共产党员,我的任务不只是炸几个碉堡。现在隆化还没有解放,怎么能算完成任务呢?"这时,团部来了紧急命令,要六连火速从中学东北角插进去,配合已突进中学院内的兄弟部队迅速解决战斗。白副连长和郭指导员商量了一下,对董存瑞说:"好,你去吧,千万注意隐蔽。"董存瑞紧攥拳头说:"放心吧,不完成任务就不回来!"说着,他从衣兜里掏出一个小纸包,递给指导员:"如果我牺牲了,这就是我最后的一次党费。"指导员说:"你一定要回来,我们都等着你胜利归来!"

董存瑞挟起炸药包,弯着腰冲了出去。在战友郅顺义的火力掩护下,董存瑞一会儿匍匐前进,一会儿一阵猛跑。当手榴弹把敌人碉堡前的鹿砦、铁丝网炸烂时,董存瑞趁此机会冲进了开阔地,一阵快跑跳进旱河沟里,进入了敌人的火力死角。他的腿受了伤,但他仍抱着炸药包迅速猛冲到桥

宣传画:董存瑞舍身炸敌堡

下。桥离地面有一人多高,两旁由砖石砌成,没沟、没棱,没有安放炸药包的地方。如果把炸药包放在河床上,很有可能炸不着暗堡,河床上又找不到任何东西代替火药支架。怎么办?郅顺义急得直攥拳头。突然,身后响起了嘹亮的冲锋号声,总攻的时间到

了。大批的后续部队像潮水般涌了上来。敌人的子弹像急雨一样，"哗哗"地向冲锋部队射去。董存瑞抬头看了看桥顶，又扭头向后望了一眼，略略愣了一下，突然身子向左一靠，站在桥中央，左手托起炸药包，紧紧贴住桥型暗堡，右手猛地一拉导火索。导火索"咝咝"地冒着火花和白烟！他巍然挺立，纹丝不动，像是一尊雕塑。

看到这情景，郅顺义不顾一切地朝桥下的董存瑞奔去。只听董存瑞朝他大声喊："卧倒，快卧倒！"紧接着，就听董存瑞高声喊道："为了新中国，冲啊！"突然间，一声巨响，地动山摇。敌人的桥型暗堡被炸得粉碎，董存瑞壮烈牺牲。

李白：永不消逝的共产党员 🔍

1958 年，八一电影制片厂摄制的电影《永不消逝的电波》轰动一时，最感动人心的是著名演员孙道临扮演的电影角色李侠。

影片中，李侠被捕前仍镇定地向战友发出紧急信号："同志们，永别了！我想念你们！"就在他将密电码塞进嘴里吞下去的时候，一个穿着黑色衣服的国民党特务带着一帮张牙舞爪的军警出现在他的面前……

李侠的原型，是当年中共上海地下电台的工作者，也是"100位为新中国成立做出突出贡献的英雄模范"之一，他的名字叫李白。

1925 年，年仅 15 岁的李白加入了中国共产党。1930 年，李白加入中国工农红军，后被分配到红军第四军做宣传员。1931年 6 月，红四军党委选送李白去总部参加第二期无线电训练班。从此，李白和无线电通信事业结下了不解之缘。1934 年 10 月，李白跟随红军队伍踏上了艰苦的二万五千里长征。

长征途中,任五军团无线电队政委的李白向全体无线电队员发出了"电台重于生命"的号召,这也是李白终生的座右铭。

1937 年 10 月 10 日,李白化名李霞,到达上海,并于第二年初春设立了一个秘密电台。从此,一座无形而坚固的"空中桥梁"架设在上海与革命圣地延安之间。

当时,日军进占租界,大肆搜捕共产党人,镇压人民。虽然李白把电台功率从 75 瓦降低到只有 15 瓦,但仍被日军侦测出来。情况十分紧急! 李白正在阁楼里面发电报,妻子裘慧英在三楼,忽然听到有杂乱的脚步声,急忙掀起窗帘一角向外看去,只见几十个日本宪兵和便衣特务冲进来。她快步上楼通知,李白快速把最后一段电文发完,

李白塑像

最后又发了 3 遍"再见",暗示远方的战友。接着,李白迅速把发报机拆散,拉开一块活动地板,刚把它藏在下面,敌人就破门而入。

日本宪兵把李白和裘慧英分别关押在两处进行刑讯逼供。李白受尽了种种酷刑,可始终不吐真情,严格保守了党的秘密。后经党组织营救,李白终于获释出狱。

1948 年是解放战争形势迅猛发展的一年。国民党反动派预感到末日来临,用尽各种手段,以分区停电、暗中抄收信号等手段侦测中共地下电台。一天,李白正在发送一份重要电报,敌人突然包围了他的住所。李白迅速采取了应急措施,后被捕。

敌人发疯似的对李白进行了长达 30 多个小时的连续审问,

使用了 30 余种刑具,把李白折磨得死去活来。敌人用钳子拔光了李白的指甲,把竹签子钉入了他的手指,老虎凳上的砖块一直加到五块,还灌辣椒水,用烧红的木炭烙在李白的身上……李白每次昏死过去,又被冷水浇醒。而这些都不能摧毁一个共产党员的坚定信念,李白拒不吐露半个字……

上海解放后,经组织查实,李白已于 1949 年 5 月 7 日晚被敌人秘密杀害。就义前,李白高呼:"共产党万岁!"

吴运铎:把一切献给党 🔍

出生在安源煤矿山脚下的吴运铎家境贫寒,自幼便懂得分担家庭重担。他曾上山挑煤、捡煤渣,还到煤矿当机电工人。9 岁时,吴运铎加入儿童团,参与把风、放哨、送信等活动。资本家的剥削和战争带来的苦难,像烫红的烙铁般给他留下刻骨铭心的印象。在苦难的生活中,他逐渐认识到:要翻身、要解放、要光明,就只有跟着共产党走。

抗日战争爆发后,吴运铎毅然参加了新四军。被派到新四军司令部修械所后,他在农舍的茅草棚里开始了兵工生涯。对当时的吴运铎来说,兵工是一个完全陌生的领域。但他坚信,投身革命队伍,就要跟党走、听党的话。1939 年 5 月,吴运铎加入中国共产党。此后,他矢志不渝地践行自己的承诺——对党绝对忠诚。

1941 年,吴运铎率领小分队生产一批急用子弹。有一次,他正在拆卸收集来的旧炮弹引信上的雷管,突然,一只雷管在他左手上爆炸了……数十年后,他回忆道:"我知道这是一项很危险的工作,我要亲自做这项工作,因为我是一个共产党员,在危险的时候,应该站在大家的前面,不能把危险的工作推给别人。"

当时,兵工生产条件极其简陋。把水井的辘轳固定在一个支架上,井绳上吊一块100多公斤的铁疙瘩,就成了锻打枪体、炮弹壳的"手摇汽锤";在磨粮食的石磨轴上,套一条粗布缝制的传送带,就成了"人推发动机";将手电筒灯珠磨出一个口往里面塞火药,一通电就成了

当年解放军的一所兵工厂

"电发雷管"……就是在这样的"铁匠铺"里,吴运铎等人建成了我军第一个军械修造车间,并首次制造出步枪和第一批平射炮、枪榴弹;制造出42厘米口径、射程可达4公里的火炮;研制了拉雷、电发踏雷、化学踏雷、定时地雷等多种地雷;在只有8个人的条件下,年产子弹60万发……

为了制造武器,确保前线作战顺利,吴运铎几次走在死亡边缘,但是死亡的威胁从来没有阻挡他前进的步伐。1947年9月,在大连甘井子一个名叫老虎牙的山洼里,"轰"的一声巨响,让山坡外的人们心头一惊。巨大的爆炸气浪把吴运铎抛向空中,甩到了20米外

吴运铎在工作中

的海滩上——当时是在试验新炮弹,正当吴运铎冲上前去查看一枚未爆炸弹时,炮弹突然炸开了……这是吴运铎第三次被炸成重伤。

　　吴运铎一生多次负伤,经历过 20 余次手术,身上遍布 100 多处伤痕,体内留有几十块弹片,腿上的关节长期被石膏绷带固定,已经硬化,走起路来都是直的……但他凭借顽强毅力,始终坚持战斗在生产科研第一线。他说:"只要我活着一天,我一定为党为人民工作一天。"

　　经历挫折时,依然坚定理想信念;面临生死抉择时,用行动诠释对党的绝对忠诚。1951 年 9 月 30 日,吴运铎作为特邀全国劳动模范代表,到北京参加国庆观礼。在当晚的宴会上,周恩来总理握着吴运铎的手说:"你就是中国的保尔·柯察金。"

　　即使自身化为一撮泥土,只要它是铺石通向共产主义的大道上,让似你们大踏步地冲过去,也是最大的幸福。

　　哈尔滨船舶工程学院
全体师生员工同志共勉

　　吴运铎
一九八四年六月廿九日

吴运铎手迹

　　离休后,吴运铎在青少年教育和残疾人帮扶事业上投入了大量心血。他拖着残弱的身子,到机关、工厂、学校等地做报告上千次,听众多达 10 万人。住院时,他把病房当课堂,接待少先队员过队日、共青团员上团课。在北京病残青年俱乐部成立大会上,吴运铎鼓励病残青年学习知识和技能,生产自救,提高自身素质,创建美好未来。

　　1983 年患病期间,吴运铎立下遗嘱:后事从简,不开追悼会,不搞遗体告别,不保存骨灰。1991 年,在生命即将走向终点时,吴运铎仍然眷恋着祖国,眷恋着党。他把生命的光和热全都献给了自己深爱的党和人民,无怨无悔。

二、艰难探索　奋勇前行

中华人民共和国成立后,中国共产党带领各族人民建立了社会主义基本政治制度,奠定了社会主义公有制的经济基础,初步建立起独立的、比较完整的工业体系和国民经济体系,积累了许多宝贵经验。此外,还挫败了外国侵略势力对我国的孤立、封锁、干涉和挑衅,发展了同许多国家的友好关系……

在中国共产党的引领下,中国命运一经掌握在人民自己手里,中国就如太阳升起在东方那样,以自己的辉煌光焰普照大地,迅速地荡涤着反动政府留下来的污泥浊水,治疗战争创伤,建设起一个崭新的、强盛的、名副其实的人民共和国。

历史足迹

1. 1950 年,土地改革运动开始。

2. 1950 年 10 月 8 日,中国人民志愿军跨过鸭绿江,进行"抗美援朝"战争。

3. 1951 年,西藏和平解放。

4. 1953 年,第一个"五年计划"实施。

5. 1954 年 9 月 15 日至 28 日,第一届全国人大一次会议召开。

6. 中国共产党第八次全国代表大会于 1956 年 9 月 15 日至 27 日在北京政协礼堂召开。大会讨论通过了《关于政治报告的决议《中国共产党章程》和《关于发展国民经济第二个五年计划(1958年至1962年)的建议》。

7. 1960年9月,黄河上第一座大型水库——三门峡水利枢纽工程基本建成。

8. 1961年1月,八届九中全会召开,正式决定对国民经济实行"调整、巩固、充实、提高"八字方针,国民经济开始转入调整的新轨道。

9. 1964年10月16日,中国第一颗原子弹成功爆炸。

10. 1967年6月17日,中国第一颗氢弹成功爆炸。

11. 1970年4月24日,中国第一颗人造地球卫星——"东方红一号"成功上天。

12. 1971年10月25日,恢复中国在联合国的合法席位。

1. 保家卫国　抵御豺狼

1950年6月27日,美国悍然发动侵朝战争;9月15日,又扩大侵略,疯狂北进,严重威胁到新中国的安全。

在这个关键时刻,以毛泽东为首的中共中央为保卫新生的人民共和国,维护世界和平和人类正义,毅然做出"抗美援朝,保家卫国"的战略决策。中国人民志愿军于1950年10月19日奉命跨过鸭绿江,开赴朝鲜前线,同朝鲜人民一起与侵略者作战。

历时3年,中朝军队共歼敌109万人,其中美军39万人;击落击伤敌机12200多架。朝鲜停战后,中国人民志愿军又帮助朝鲜人民为战后恢复和建设做了大量工作。1958年10月,中国人民志愿军全部撤离朝鲜,返回祖国。

血战长津湖

长津湖,朝鲜北部最大的湖泊,周边层峦叠嶂,一条"Y"字形的羊肠小道是唯一通路。1950年冬,中美两支王牌部队为扭转朝鲜战局,在此展开"强强对决",惨烈程度史上罕见,被称为"中美两国都不愿提及的一场血战"。

在这场较量中,志愿军创造了全歼美军一个整团的纪录,迫使美陆战一师经历了有史以来"路程最长的退却",还收复了"三

雄赳赳、气昂昂，跨过鸭绿江

八线"以北的东部广大地区。对于此次战役，英国牛津大学战略学家罗伯特·奥内尔博士曾经评价说：中国从他们的胜利中一跃成为一个不能再被人轻视的世界大国。如果中国人没有于 1950 年 11 月在长津湖战场稳执牛耳，此后的世界历史进程就一定不一样。

十面埋伏

自从 1950 年 9 月美国海军陆战队冒险在仁川登陆以来，以美军为首的"联合国军"在朝鲜战场上势如破竹，一路北上，骄傲的"联合国军"司令麦克阿瑟扬言，要在 1950 年圣诞节前结束朝鲜战争，饮马鸭绿江。

为了迷惑麦克阿瑟，志愿军第四十二军主力奉命于 11 月 7 日放弃长津湖以南阵地。麦克阿瑟果然中计，狂妄地认为中国军队"畏战"，只是"象征性进攻"，并一再要求美第十军加速前进。

1950 年 11 月 26 日，柳潭里阵地，美陆战一师师长史密斯拿着望远镜向西北眺望，此地距鸭绿江最短直线距离不足一百千米。"看来，我们可以提前回家过圣诞节了。"史密斯自信满满地说。

然而，就在他眺望的这片茫茫雪原里，隐藏着我志愿军第九兵团下辖的二十军、二十六军、二十七军，近 15 万人，他们围猎的目标正是这支精锐之师。

大部分九兵团士兵，入朝时有的分到一件棉衣，有的分到一条棉裤,但更多的是穿着薄棉衣,戴着根本就不能抵御风寒的大盖帽,脚踏单薄的胶底鞋。入朝第一周,他们就遭遇了朝鲜50年不遇的寒流——那些刚刚从南方过来的战士头一次看见雪,就立刻感受到了零下20摄氏度的冷酷。

与美军每个士兵都有一件大衣和一个鸭绒睡袋不同,九兵团每个班十几个战士,只能分到两三床棉被。一入夜,战士们就把棉被铺在雪地上,然后十几个人抱团取暖。志愿军老战士后来回忆说:"冷到什么程度呀,讲了你都不敢信,一些战士的耳朵被冻得硬邦邦的,一碰就掉了,一点都没知觉喽!"

雪寒岭、荒山岭、死鹰岭、剑山岭,九兵团大军跋涉在一个又一个连名字都透着寒气的山岭上,在几乎没有补给、严格进行隐蔽伪装的情况下,创造了连续行军10天、平均日行军30千米的速度。26日,他们已经悄无声息地集结在史密斯的眼皮底下。

向侵略者冲锋!

"原木"在移动

11月27日,大雪纷飞,气温下降到零下30摄氏度。黄昏时分,志愿军向长津湖美军发起了总攻。战后幸存的美军回忆起那个恐怖的夜晚:

刺耳的军号声突然响起,霎时间,满天信号弹升空,伴随着四面八方传来的"沙沙"声(后来他们才知道那是志愿军战士的胶鞋踩在雪地里的声音），无数披着白布的战士怒吼着向自己冲来。

眼前的平原本是白雪皑皑的一片，军号声一响，士兵就从隐蔽处跃出来，他们的腿被冻得无法弯曲，跑起来就像是"原木"在移动。美军的坦克、火炮和机枪一齐射向他们，他们像"原木"一样一排排倒下去，后面的士兵又像"原木"一样一排排涌上来……

美国军事史学家蒙特罗斯后来记述道："陆战队的坦克、大炮、迫击炮和机关枪大显身手，但是中国人仍然源源而来，他们视死如归的精神令陆战队肃然起敬。"

经过一夜血战，史密斯惊愕地发现，从天而降的十万神兵已经在 40 英里（1 英里＝1.61 千米）长的山区道路上把美军从北向南分割包围成 5 块，形成了分割围歼之势。

美北极熊团团旗

长津湖的黑夜属于志愿军，白天属于美军。白天，依靠 7 艘航母上的 500 架舰载机，美军对志愿军阵地进行狂轰滥炸。晚上，志愿军再趁着夜色反突击，把白天丢失的高地和阵地抢回来。双方都是失而复得，得而复失。

虽然一夜间就战斗减员近万人，但我志愿军深知，如果让美军从北边冲出包围圈，将威胁志愿军的西线部队，导致全局被动。只能继续打！不惜一切牺牲，完成战略任务。

11 月 30 日晚，我二十七军向湖东岸的新兴里发起猛攻，在不计伤亡的情况下突破了火炮和坦克阵地，与美军展开巷战。

没有火炮支援下的短兵相接，美军完全不是志愿军的对手。

当战士们攻进一座营房指挥所时,不知道他们歼灭的正是美第七师三十一团,号称不可战胜的北极熊团团旗当场被我军缴获(被缴获的北极熊团团旗,现存于中国人民革命军事博物馆)。这是志愿军在朝鲜战场上唯一一次全歼团级建制美军。

水门桥头"冰雕连"

美军南逃路上的最后一关是水门桥。这座桥跨度8.8米,两端都是悬崖,周围没有任何可以绕行的道路。过了水门桥,再往南就是一望无际的平原,那时志愿军的"铁脚板"就再也无法追上美军的车轮子了。

美军深知水门桥的重要性,派了一个坦克营40辆坦克一字排开守桥。

12月1日,志愿军发动突袭,炸毁了水门桥。可第二天,美军工兵用一座木桥完成了修复。

12月4日,志愿军再度出击,第二次炸毁水门桥。而美军又在原桥残留的桥根部架设了一座钢桥。

12月6日晚,我志愿军58师172团又组织了两个排的敢死队,发动了第三次炸毁水门桥的行动。这次,战士们用血肉之躯突破了美军的炮火,将钢制大桥和根部基座全部炸毁。然而美后勤连夜部署,在日本的三菱重工制作了8套M2型钢木标准桥梁,用8辆运输机,通过巨型降落伞空投到了千里之外的水门桥附近。不到两天,一座载重50吨,可以通过坦克的桥梁又架好了。

12月8日晚,减员万余人的美陆战一师通过水门桥仓皇逃向兴南港。该师作战处长鲍泽上校在回忆录中写道:"幸亏中国人没有足够的后勤支援和通信设备,否则陆战一师绝不会逃离长津湖……陆战一师不过是侥幸生还。"

时任志愿军五十八师师长兼政委黄朝天于 12 月 9 日来到俯瞰水门桥的阵地上,看到战士们一个个埋伏在雪坑里,枪都朝公路摆着,无一人后退。黄师长走近那些战士,战士们一动不动,都冻成了"冰雕"！两个连上百名战士伏守在冰雪中,却没能等到向敌人发起冲锋的那一刻。黄师长见状,顿时伏地痛哭！

宋阿毛手书纸条

百名"冰雕"战士中,在上海籍战士宋阿毛单薄的衣服里,战友们找到一张薄薄的纸条:

我爱亲人和祖国/更爱我的荣誉/我是一名光荣的志愿军战士/冰雪啊！我决不屈服于你/哪怕是冻死,我也要高傲的/耸立在我的阵地上！

1952 年 9 月,第九兵团从朝鲜回国,行至鸭绿江边,司令员宋时轮面向长津湖方向默立良久,然后脱帽鞠躬,不能自持……

战后,人们才知道,这是朝鲜有记录以来最冷的一个冬天,志愿军战士们在水门桥埋伏的那一夜,温度低至零下 54 摄氏度……

惨烈的上甘岭保卫战

上甘岭战役是 1952 年 10 月 14 日至 11 月 25 日中国人民志愿军与"联合国军"在上甘岭及其附近地区展开的一场著名的战役。上甘岭战役激烈程度前所罕见,特别是炮兵火力密度,已超过第二次世界大战最高水平。

　　10 月 14 日,美军向上甘岭发射 30 余万发炮弹、500 余枚航弹,上甘岭主峰标高被削低整整两米,寸草不剩。

　　即便这样,直到四天以后——10 月 18 日,我四十五师前沿部队才因伤亡太大退入坑道,表面阵地第一次全部失守。19 日晚,四十五师倾力发动了一次反击。

志愿军战斗在上甘岭

　　坑道里志愿军战士的坚守为后方赢得了时间。10 月 30 日,我方再度反攻,动用了 133 门重炮。美七师上尉惊恐地说:"中国军队的炮火像下雨一样,每秒钟 1 发,可怕极了。我们根本没有藏身之地。"每秒钟 1 发美军就受不了了,殊不知我们的战士在 10 月 14 日面对的是每秒钟 6 发的狂轰。

　　5 小时后,志愿军收复主峰。打到下午 3 点,连长赵黑林趴在敌人尸体上写了个条子派人后送:"我巩固住了主峰,敌人上不来了。"

　　我方战报:歼敌 25000 余人,十五军伤亡 11529 人,其中阵亡 5213 人。美方战报:损失 9000 余人,中国志愿军死伤 19000 余人。毫无疑问的是,这片 3.8 平方公里的山头已经被鲜血浸透了。随手抓把土,就能数出 32 个弹片;一面红旗上竟有 381 个弹孔;一截 1 米不到的树干上,嵌进了 100 多个弹头和弹片……

战斗中,志愿军 15 军参战的 27 个连队里,有 16 个连队被多次打光重建。其中最英雄的 8 连,一个 200 人的连队,被打残打光后,始终不下火线,多次增兵,先后补充 800 人。战后 8 连仅有 6 人活了下来,阵亡接近 1000 人,消灭了接近 1800 名敌人。

之后,美军再没有向我军发动过营以上规模的进攻,朝鲜战局从此稳定在 38 度线上。这一战奠定了朝鲜的南疆北界。历史已经记不清那一万多在战火中浴血奋战的志愿军战士的姓名了,他们已经与五圣山糅和在一起了……

上甘岭战役的胜利属于整个中华民族。中国赢得了尊严,从此美国人将中国视为世界上最强大的国家之一——西方人的标准是:要想成为强国,必须击败过另一个强国的军队。

历史资料　　10月25日,抗美援朝纪念日

1951 年,中共中央决定将两水洞战斗的 1950 年 10 月 25 日定为抗美援朝纪念日。志愿军首批作战部队于 1950 年 10 月 19 日入朝。志愿军赴朝后的首战是志愿军第四十军第一一八师于 1950 年 10 月 25 日在两水洞、丰下洞地区与由温井向北镇进犯的李承晚军步兵第六师第二团前卫加强第三营进行的一次遭遇战。此战约经 1 小时,全歼敌军 1 个营及 1 个炮兵中队,共毙伤俘敌 470 多人,俘美军顾问 1 人,缴获各种枪 16 支、火炮 12 门、汽车 38 辆、战马 3 匹、报话机 2 部。战后毛泽东致电:"庆祝你们初战胜利。"此战役之后,我军第一一八师、一二〇师乘胜进攻温井之敌,并于 26 日凌晨占领温井。

"用糖果换飞机"

1951 年 6 月 1 日,中国人民抗美援朝总会发出了捐献武器运动的号召,要求全国各界爱国同胞,不分男女老少,都开展增加生产、增加收入运动,用新增加收入的部分或全部,购买飞机、大炮等武器,捐献给志愿军。

全国人民积极响应号召,踊跃投身于捐献武器运动,涌现出大批成绩显著的单位和个人,出现了许多感人至深的事迹。

1951 年 6 月 4 日,姜堰小学的一份倡议书响彻大江南北:"全国亲爱的小朋友们:为了响应中国人民抗美援朝总会关于开展捐献飞机大炮运动的号召,支援志愿军叔叔早日凯旋,我校全体同学经过详细讨论后,大家决定自愿

老照片:"中国少年先锋号"飞机

节省糖果钱,用来购买飞机。但我们的力量太微弱,全国有千千万万的小朋友,只要大家共同行动起来,积少成多,一定可以购买好多架飞机……"

到了 6 月 5 日,这份倡议书被中央人民广播电台向全国播报,短时间内就得到了全国少先队员的踊跃支持。"用糖果换飞机"的运动由此而生,数不清的少年儿童捐出了自己的零用钱、吊坠、手镯、长命锁甚至生活费,集全国少先队员的力量,终于换回了一架珍贵的战斗机,命名为"中国少年先锋号"。

北京市石景山钢铁厂的职工通过增加产量、捡废铁、捐奖金

等办法,捐献了"石景山钢铁厂号"战斗机一架。

"常香玉号"飞机

当时的豫剧名角常香玉带领她的"香玉剧社"从1951年8月开始,在全国6省多市巡回义演170多场,用义演所得加上自己的积蓄共15亿270万元(折合新币15万元左右),认捐了一架米格15战机用于支援前线,该型战机被命名为"常香玉号"。

这样的故事还有很多。1952年6月24日,中国人民抗美援朝总会宣告,捐献武器运动胜利结束。全国各界人民共捐款55650.37万元,可购战斗机3710架。

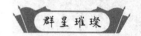

群星璀璨

杨根思:用生命守住阵地 🔍

1950年11月底,朝鲜战场寒风刺骨,硝烟四起。为阻止美国侵略军的进攻,中国人民志愿军在长津湖地区对美军发起了分割围歼战,大批敌人被我军包围,一场激烈的围歼战开始了。时任中国人民志愿军某部连长的杨根思主动向营部请缨,请求承担最艰巨的战斗任务。上级批准了他的请求,命令他带领一个排,切断被围困的美军南逃的唯一退路"1071高地",他们的对手是号称"王牌"的美军陆战第一师。

战斗刚刚开始,敌人就在飞机、大炮的掩护下发起了疯狂进攻,企图夺路而逃。杨根思指挥战士们借助有利地形做好隐蔽,待美军靠近时突然射击,打得敌人死的死、伤的伤,迅猛击退了敌人的第一次进攻。紧接着,敌人在 8 辆坦克的掩护下,以两个连的兵力再次发起进攻,杨根思和战士们奋勇冲入敌群,与敌人肉搏拼杀,消灭了大批敌人,再次击退了敌人的反扑。

急于逃命的美军恼羞成怒,发起集团冲锋,用重炮和轰炸机将炸弹、燃烧弹、凝固汽油弹都倾倒在这座小山顶上,阵地顿时成了一片火海。杨根思率领全排顽强抗击,以"人在阵地在"的英雄气概接连击退美军的 8 次进攻,战斗进行得

杨根思

极其惨烈。当他们投完最后一颗手榴弹、射出最后一颗子弹后,阵地上只剩下杨根思和两名伤员,美军也伤亡惨重。危急关头,杨根思抱起仅有的一包炸药,拉燃导火索,纵身冲向敌群,与敌人同归于尽,用鲜血和生命守住了阵地,为保卫祖国,为朝鲜人民的解放和世界和平壮烈牺牲,时年 28 岁。

为纪念杨根思英勇捐躯的大无畏精神,中国人民志愿军授予他"特级英雄"称号,将他生前所在连队命名为"杨根思连"。

黄继光：舍身堵敌堡

抗美援朝战争爆发后,黄继光毅然加入了中国人民志愿军。当要离开家乡的时候,母亲高兴地把一朵大红花戴到了他的胸前,并对他说:"到了朝鲜,要多多杀敌,报效祖国和人民。"带着母亲的嘱托和人民的期望,黄继光来到了朝鲜前线,被任命当通信

员。虽然是通信员,他却时刻想着要多学本领,刻苦地锻炼自己。他工作积极,学习认真,进步很快,1952 年 7 月 25 日光荣地加入了中国新民主主义青年团。

1952 年 10 月 14 日,美国侵略军开始向上甘岭发动疯狂进攻。敌人在这不到 4 平方公里的上甘岭小高地上动用了两个多师的兵力,在大量的飞机、坦克和大炮的配合下,连续向我方阵地疯狂进犯,日夜炮声隆隆,硝烟弥漫。志愿军与敌人展开了激烈的争夺战。黄继光在战斗打响后,担负在炮火下送信、传达命令、接电话线、背送伤员等任务,连续在敌人的炮火封锁下度过了 4 天 4 夜。

10 月 19 日晚,黄继光所在营奉命向上甘岭右翼 597.9 高地发动反击。第六连奉命事先夺下 6 号阵地,再夺取 5 号、4 号阵地,必须在天亮以前拿下 0 号阵地,为整个反击战的胜利奠定基础。战斗开始后,进展情况比预想的要顺利。这时,山顶上突然出现了一个敌人的集团火力点,使志愿军部队受到压制不能前进。营参谋长立即命令第六连必须炸掉它,同时组织爆破组。从黄昏 7 时 30 分到夜晚 10 时 30 分,六连已经向敌人发起了 5 次冲锋,仍未摧毁敌人的火力点,许多战士壮烈牺牲。这时离天亮只有 40 多分钟了,不拿下 0 号阵地,就等于没有按计划完成战斗任务,整个反击战的胜利就会受到影响。

在这关键时刻,站在参谋长身旁的黄继光站出来坚定地要求道:"把任务交给我吧,只要我有一口气,保证完成任务。"参谋长非常信任地说:"黄继光,这次任务就交给你,现在我命令你为第六连第六班代理班长。一定要完成任务!"接受任务后,黄继光立即提上手雷,带领两名战友向敌人的火力点爬去。他们借助照明弹的亮光巧妙地前进。开始敌人没有发现他们,当离敌人火力点只有 30 多米的时候,两名战友相继倒下了。黄继光的左臂被打穿,血流如注,但他仍然一步不停地向敌人的中心火力点前进。只剩下八九米的时候,他挺起胸膛,举起右手向敌人投去手雷,但由于火力点太大,只炸毁了半边,未被炸毁的两挺机枪又从残存的射击孔里伸出来,拼命地吼叫着,志愿军的冲锋又受到阻碍。黄继光再次受伤倒下。

这时天就要亮了,40分钟的期限就要到了,黄继光跃身而起,冲着那狂喷火舌的枪口,冲着那侵略者的顽固堡垒,挺起胸膛,张开双臂,扑了上去……正在喷吐的火舌突然熄灭,正在拼

黄继光

命吼叫的机枪哑然失声,黄继光用他那年轻的生命开辟了志愿军前进的道路。

霎时,担任攻击任务的战友们像离弦的箭一般冲了出去,高声呼喊着"冲啊! 为黄继光报仇!"他们踏着黄继光前行的道路,很快占领了 0 号阵地,守在高地上面的敌军两个营——1200 多人,全部被歼灭。

为了表彰黄继光的伟大精神和不朽功勋,志愿军司令员彭德怀发布命令,为黄继光追记特等功一次,并授予黄继光"特级英雄"称号。中国共产党志愿军第十五军委员会在追认黄继光为"模范团员"的同时,追认他为中国共产党党员。

2. 白手起家　恢复经济

阅读导航

在国家博物馆《复兴之路》的展柜内,摆放着一件国家一级文物——第一个五年计划的蓝本,这在当年属于绝密文件。

1953年,第一个五年计划全面展开。曾经积贫积弱的农业中国开始迅速走上一条工业强国之路。

白手起家的中国人在那个年代创造了许多奇迹:中华人民共和国第一根无缝钢管、第一架飞机、第一辆卡车……掌握了自己命运的中国人民不断树立起新的里程碑。

经典回顾

万马奔腾,掀起社会主义建设大热潮

20世纪50年代末的包头钢铁大街

1949年中华人民共和国成立时,全国钢产量只有15.8万吨,居世界第26位。但经过短短3年的恢复期,1952年,我国钢产量就达到了135万吨,超过历史最高水平。在以自力更生为主的方针指引下,中国的钢铁工业从1953年起开始了大规模的基本建设。50 年代,首先集中力量改建、扩建了鞍山钢铁公司,并着手新建了齐齐哈尔特殊钢厂、武汉钢铁公司、包头钢铁公司;1958 年起又建设了一大批地方中、小型钢铁企业,以及成都无缝钢管厂、酒泉钢铁公司等。60 年代,着重建设了四川的攀枝花钢铁公司、长城钢厂,以及青海的西宁钢厂、陕西的陕西钢厂等内地企业,并新建了马鞍山钢铁公司的车轮轮箍厂,改建了太原钢铁公司。

十多万民工、1460 万土石方、14 座隧道、200 多座大小桥梁、400 多个涵洞,完成这些艰巨任务,使用的工具仅仅是简陋的十字镐、大锤、钢钎、锄头和铁锹。很难相信,成渝铁路——这条曾被搁置了 40 多年的铁路,只用了两年时间就全线贯通!

在那段艰难的岁月中,新生的共和国坚持"边打、边稳、边建"的方针,除成渝铁路之外,鞍山钢铁厂、上海电机厂、塘沽新港,一批重大工程相继竣工。

在农村,土地改革的完成使得 3 亿多新解放区

1952 年 7 月 1 日,成渝铁路通车典礼

无地少地的农民无偿获得了 7 亿亩土地和生产资料,占中国人口绝大多数的农民翻身得到解放。到 1952 年底,仅仅用了 3 年时间,工农业生产就超过了历史最高水平,完成了国民经济恢复工作。

红旗渠：人工天河

20 世纪 60 年代,地处中国南太行山东麓的河南省林县(1994年后撤县设林州市),30 万群众靠着一双双布满老茧的手,在太行山上劈山修渠,一锤一钎,以战天斗地的豪情和舍生忘死的气概苦战 10 年,绝壁穿石,挖渠千里,终于修成全长 1500 公里的"人工天河"——红旗渠,将一面"顽强奋斗、自强不息"的精神之旗插在了太行山巅。

历史上的林县,十年九旱,水贵如油。红旗渠修建前,林县550 个行政村中,有 307 个长年人畜饮水困难,有 100 多个村要跑5 公里以上取水吃。中华人民共和国成立后,中共林县县委着手改变当地生存环境,经过反复考察论证,认为必须谋划兴修大型水利工程,"劈"开太行山,将邻省山西的漳河水引进来。

一声号召,全县齐应。1960 年 2 月 11 日,引漳入林工程正式开工。37000 名群众自带工具奔赴修渠工地,拉开了向自然宣战的序幕。

要通渠,必须在山西省平顺县石城镇建起一座拦河坝,拦腰"斩断"漳河,抬高水位,让河水进入渠道。任村公社的 500 多名修渠群众组成突击营,接下了这项艰巨的任务。当大坝合龙只剩下十几米宽时,河道变窄,水流湍急,沙袋、巨石投下去,转瞬即逝。关键时刻,群众跳进河里,排成 3 道人墙,以血肉之躯抵挡住冰冷刺骨的河水,大坝最终合龙。红旗渠总干渠修筑在"飞鸟不能驻足,猿猴难以攀缘"的太行绝壁上。群众就悬挂在半山腰上,挥锤打钎、装药放炮,炸出一个个小平台,再在这些平台上作业,开凿渠线,垒砌渠墙,对接起来就形成完整的渠线。

红旗渠修建过程中,81 名修渠群众献出了宝贵的生命。其

中，年龄最小的才 17 岁，最大的 60
岁。红旗渠修建历时 10 年，全县
50 万人，有 30 万人参加了修渠
工程。

"通水啦！"

红旗渠建成后，全县 410 个村
受益，60 万人口、3.7 万头大牲畜
饮用水有了保障，54 万亩耕地得
到灌溉。林县人用自己的双手战
天斗地，彻底改变了干旱缺水的
命运。

20 世纪 70 年代，周恩来总理
曾自豪地向外国友人介绍，中华人民共和国有两大奇迹：一个是
南京的长江大桥，一个是林县的红旗渠。红旗渠，让磨砺千年的
中华民族精神化为有形的"人工天河"，奔流至今。

非洲兄弟把我们抬进了联合国

1971 年 9 月 21 日，第 26 届联合国大会开幕。中国代表权问
题是大会的主要议题。10 月 25 日，第 26 届联大对恢复中国合法
权利的提案举行表决。大会首先对美国"重要问题"提案进行表
决。当电子计票牌亮出 59 票反对、55 票赞成、15 票弃权，否决了
"重要问题"提案时，整个大厅沸腾起来，掌声持续了几分钟。

接着表决 23 国提案。23 国提案作为 2758 号决议，以 76 票
赞成、35 票反对、17 票弃权的压倒性优势，通过了恢复中华人民
共和国合法席位的提案！当电子计票牌再度亮出表决结果时，大
厅里再次爆发出热烈的欢呼声和雷鸣般的掌声。

1971 年 11 月 1 日，中华人民共和国的五星红旗第一次升起

在联合国总部大厦门前的旗林里,联大主席马立克称之为"历史性的时期"。

得知这一胜利消息,毛主席明确表示:马上就组团去。这是非洲黑人兄弟和中小国家用轿子把我们抬进联合国的,不去就脱离群众了。

在大家的欢笑声中,毛主席拿起外交部国际司填写的联大表决情况,激动地表示:英国、法国、荷兰、比利时、加拿大、意大利都造了美国的反,在联合国投我们的票。欧洲国家当中,只有马耳他投反对票。投赞成票的,亚洲国家 19 个,非洲国家 26 个,拉丁美洲是美国的"后院",只有古巴和智利和我们建交,这次居然有 7 个国家投我们的票。美国的"后院"起火,这可是一件大事。

毛主席一口气讲了近 3 个小时。针对中国代表团即将在联大的第一篇发言,谈了应该包括的内容:第一要算账,这么多年不让我们进联合国,中国人民和世界人民都有一股子气。主要是美

联合国大楼前

国,其次是日本,要点他们的名,不点不行。对提案国要一一列举。第二要讲讲自联合国成立以来世界形势的变化,要讲世界历史,要讲讲中国,自力更生,艰苦奋斗,推翻三座大山,取

得国家独立、民族解放以及新民主主义革命胜利。这不是吹牛,是事实。美国必须从台湾撤走它的武装力量,不论是谁,要把台湾从中国分割出去,都是痴心妄想。第三要讲讲我们对国际问题的基本态度。总而言之,要旗帜鲜明,高屋建瓴,势如破竹……

联大第 2758 号决议的通过绝非偶然,这是世界进步的需要,

也是历史的必然。中国重返联合国,可以说是联合国发展史上一件具有划时代意义的重大事件。

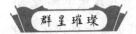群星璀璨

王进喜:拼命也要拿下大油田

1959 年,王进喜作为石油战线的劳动模范,到北京参加群英会。看到大街上的公共汽车,车顶上背个大气包,他奇怪地问别人:"背那家伙干啥?"人们告诉他:"因为没有汽油,烧的煤气。"这话像锥子一样刺痛了他。王进喜后来说:"北京汽车上的煤气包把我压醒了,使我真真切切地感到国家的压力、民族的压力,呼地一下子都落到了自己肩上。"他曾多次向工友们说:"一个人没有血液,心脏就停止跳动。工业没有石油,天上飞的,地上跑的,海上行的,都要瘫痪。没有石油,国家有压力,我们要自觉地替国家承担这个压力,这是我们石油工人的责任啊。"

1960 年春,我国石油战线传来喜讯——发现大庆油田,一场规模空前的石油大会战随即在大庆展开。王进喜从西北的玉门油田率领 1205 钻井队赶来,加入了这场石油大会战。一到大庆,呈现在王进喜面前的是许多难以想象的困难:没有公路,车辆不足,吃和

"铁人"王进喜

住都成问题。但王进喜和他的同事们下定决心：就算有天大的困难也要高速度、高水平地拿下大油田。

钻机到了，吊车不够用，几十吨的设备怎么从车上卸下来？王进喜说："咱们一刻也不能等，就是人拉肩扛也要把钻机运到井场。有条件要上，没有条件创造条件也要上。"他们用滚杠加撬杠，靠双手和肩膀奋战三天三夜，38米高、22吨重的井架迎着寒风矗立于荒原。这就是会战史上著名的"人拉肩扛运钻机"。

要开钻了，可水管还没有接通。王进喜振臂一呼，带领工人到附近水泡子里破冰取水，硬是用脸盆、水桶，一盆盆、一桶桶地往井场端了50吨水。经过艰苦奋战，仅用5天零4小时，就钻完了大庆油田的第一口生产井。在重重困难面前，王进喜带领全队以"宁可少活二十年，拼命也要拿下大油田"的顽强意志和冲天干劲，苦干5天5夜，打出了大庆第一口喷油井。

在随后的10个月里，王进喜率领1205钻井队和1202钻井队，在极端困苦的情况下，克服重重困难，双双达到了年进尺10万米的奇迹。在那些日子里，王进喜身患重病却顾不上去医院；几百斤重的钻杆砸伤了他的腿，他拄着双拐继续指挥工作。一天，突然出现井喷，当时没有压井用的重晶粉，王进喜当即决定用水泥代替。成袋的水泥倒入泥浆池却搅拌不开，王进喜就甩掉拐杖，奋不顾身跳进齐腰深的泥浆池，用身体搅拌，井喷终于被制服，可是王进喜却累得站不起来了。房东大娘心疼地说："王队长，你可真是铁人啊！""铁人"的名字就是这样传开的。

王进喜为发展祖国的石油事业日夜操劳，终致身心交瘁，积劳成疾，于1970年患胃癌病逝，年仅47岁。他留下的"铁人精神"成为我国进行社会主义建设的宝贵财富，激励了一代又一代石油工人。

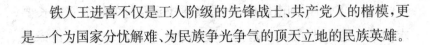

铁人王进喜不仅是工人阶级的先锋战士、共产党人的楷模,更是一个为国家分忧解难、为民族争光争气的顶天立地的民族英雄。

雷锋:永不生锈的螺丝钉 🔍

提起雷锋,大家一定非常熟悉,以他的名字命名的雷锋精神影响了一代又一代中国人。雷锋精神的实质和核心是全心全意为人民服务,为人民事业无私奉献。它已经成为我们这个时代精神文明的同义语、先进文化的鲜明符号。

自 1963 年 3 月 5 日毛泽东等中央领导题词,发出"向雷锋同志学习"的伟大号召后,每年的 3 月 5 日成为中国的"学雷锋纪念日"。

平凡中的伟大

1940 年 12 月 18日,雷锋(原名雷正兴)出生在湖南省一户贫苦农民家里。这一年是农历庚辰年,父母给他取小名叫"伢子"。时值日本军国主义侵略中国时期,人民生活于水深火热之中。雷锋曾在一篇日记中写道:"我家里很穷,奶奶、爷爷、父亲、母亲、哥哥都死在民族敌人和阶级敌人的手里,这血海深仇,我永远铭记在心中。"

1949 年 8 月,湖南解放,小雷锋便找到路过的解放军连长要求当兵。连长没同意,而是把一支钢笔送给他。1950 年,雷锋当了儿童团团长,积极参加土改。同年夏,乡政府的党支书供他免费读书,1954 年,雷锋加入中国少年先锋队。

1956 年夏天,雷锋小学毕业后在乡政府当了一名通信员,不久调到望城县委当公务员,被评为"机关模范工作者"。1957 年加入共青团。1958 年春,雷锋到团山湖农场就职。同年 9 月,雷锋响应号召,到辽宁鞍山做了一名推土机手。翌年 8 月,雷锋到弓长岭焦化厂参加基础建设,曾带领伙伴们冒雨奋战保住了 7200 袋水泥免受损失,当时的《辽阳日报》报道了这一事迹。

在鞍山和焦化厂工作期间,他曾 3 次被评为先进工作者,5 次被评为标兵,18 次被评为红旗手,并荣获"青年社会主义建设积极分子"的光荣称号。

雷锋同志:愿你做暴风雨中的松柏,不愿你做温室中的弱苗。

——摘自雷锋日记

1959 年 12 月征兵开始,雷锋参军入伍。他身高只有 1.54 米,有点胖,娃娃脸,眉毛粗,眼睛大,体重不足 55 公斤,均不符合征兵条件,但因政治素质过硬和有经验技术,最后破例被批准入伍。雷锋为此在日记中写道:"我渴望已久的参加中国人民解放军的理想实现了,怎么叫我不高兴呢!我恨不得把我的心掏出来献给党才好。"参加人民解放军后,雷锋被编入工程兵某部运输连四班。他努力钻研技术,后任班长;他曾多次立功,被评为节约标兵和模范共青团员,1960 年 11 月入党,被选为抚顺市人民代表。

1962 年上午 10 点多钟,雷锋与战友准备前去洗车时,雷锋下车指挥倒车,车轮打滑,碰倒了一根电线杆,这根杆子正巧打到雷锋左太阳穴上,雷锋当即昏死过去,经医院抢救无效,于 12 时 05 分去世,年仅 22 岁。

县委书记的好榜样 🔍

1962 年冬天,焦裕禄来到兰考县担任县委书记。在兰考一年多的时间里,他领导全县人民,同严重的内涝、风沙、盐碱"三害"进行顽强斗争,创造了杰出的业绩,为我们树立了一个为人民服务的优秀干部典范。

1964 年 5 月 14 日,焦裕禄不幸因病逝世,享年 42 岁。

亲自掂一掂"三害"分量

1962 年冬天,正是豫东兰考县遭受内涝、风沙、盐碱"三害"最严重的时刻。就是在这样的关口,党派焦裕禄来到了兰考县。焦裕禄深深地了解,"涝、沙、碱"三害自古以来就一直危害着兰考人民!今天,要制服"三害",要把它从兰考土地上像送瘟神一样驱走,必须进行大量艰苦细致的工作,付出高昂的代价。

优秀干部典范焦裕禄

他下决心先要把兰考县1080 平方千米土地上的自然情况摸透,亲自去掂一掂兰考的"三害"究竟有多大分量。

当时,焦裕禄的肝病已相当严重,许多同志劝他不要下去,在家里听汇报。焦裕禄说:"吃别人嚼过的馍没味道。"他背着干粮、拿起雨伞,和大家一起在兰考的原野上日夜奔波。追沙,他一直追到沙落地;查水,他又是查到水归槽。干旱季节,他亲自用舌头辨别盐碱的种类和土壤中的含碱量。在同自然灾害的斗争中,焦裕禄不顾重病缠身,忍受着严重疾病的折磨,在风里、雨里、沙窝里、激流里坚持度过了 120 多个白天和黑夜,跑了 120 多个大队,跋涉 5000 余里,终于摸清了兰考"三害"的底细:全县有大小风口 84 个,经调查队一个个查清,编了号、绘了图;全县有大小沙丘 1600 个,也一个个经过丈量,编了号、绘了图;全县淤塞的河渠、阻水的路基、不通的涵闸……也调查得清清楚楚,绘成了详细的排涝泄洪图。

在除"三害"斗争中,为了取得经验,焦裕禄亲自率领干部群众进行了小面积翻淤压沙、翻淤压碱、封闭沙丘试验,然后以点带面,全面铺开。他既是指挥员又是战斗员,同干部、群众一起出力流汗。不论是在治理"三害"的土地上,还是在平时田间管理中,他走到哪里干到哪里。群众都把焦裕禄看成是"跟咱一样的庄户人"。

人民群众的贴心人

焦裕禄说:"新干部不参加劳动,就不能明确树立群众观点;老干部长期不参加劳动,思想就要起变化,要变颜色。"焦裕禄身体力行,无论工作多忙,他总是坚持参加集体生产劳动,始终保持劳动人民的本色。

焦裕禄长期患病,家里人口又多,生活比较困难,可是他坚决拒绝救济。他说:"兰考是个重灾县,人民的生产、生活都很困难,我们应该首先想到他们。要把这些钱用到改变兰考面貌的事业上去,用到改善兰考人民的生活上去。"焦裕禄还经常教育子女到最困难的地方去,穿衣要朴素,生活要节俭。

　　焦裕禄的办公桌、文件柜都是原兰考县委初建时买的,有不少地方已经破损。有人劝他换个新的,焦裕禄没有采纳这个建议,而是修了修,照样使用。他用过的一条被子上有 42 个补丁,褥子上有 36 个补丁。

今日兰考

同志们劝他换床新的,他说:"其实我这就很好,比我解放前要饭时披着麻包片,住在房檐底下避雪强多啦!"一次,有位干部提出要装潢一下领导干部的办公室,焦裕禄严肃地说:"坐在破椅子上不能革命吗? 兰考的灾区面貌还没有改变,群众生活还很困难,富丽堂皇的事不但不能做,就是连想也很危险!"

　　焦裕禄就是这样,始终保持着劳动人民的本色,心里想着人民群众,唯独没有自己。焦裕禄逝世后,人们在他的日记本上看到了这样一段话:"我想,作为一个革命战士,就要像松柏一样,无论是在烈日炎炎的夏天,还是在冰天雪飘的严冬,永不凋谢,永不变色;还要像杨柳一样,栽在哪里活在哪里,根深叶茂,茁壮旺盛;要像泡桐那样,抓紧时间,迅速成长,尽快地为人民贡献出自己的力量。"这就是焦裕禄最生动的写照。

3. "三线"建设立奇功

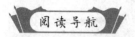

20世纪六七十年代,一场声势浩大的"三线"建设在我国中西部展开。成千上万的建设者奔赴三线,艰苦创业,勇于创新,创造了巨大的物质财富和宝贵的精神财富,为建设战略大后方做出了不可磨灭的贡献,在中华人民共和国建设史上竖起了一座不朽的丰碑。

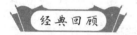
经典回顾

中国航天城的崛起

西昌卫星发射中心,始建于1970年

西昌卫星发射基地是我国三线建设的一个重点工程。工程建设于1970年开始,于1982年建成并交付使用,1984年6月8日成功发射我国第一颗地球同步轨道卫星,1985年10月,XSLC正式对外开放,承揽外星发射业务。西昌卫星发射中心成为中国对外开放最早、承担卫星发射最多、自动化程度较高、综合发射能力较强的航天发射场。西昌因此一举成为我国重要的航空、航天基地,加上西昌的高海拔、低纬度、云雾少、无污染、空气透明度高,被称为"中国航天城"。

成昆铁路,不仅仅是一条铁路

成昆铁路于 1970 年 7 月 1 日建成通车,半年后交付运营,被联合国誉为"象征 20 世纪人类征服自然的三大奇迹"之一。

筑路,筑成一部史诗

坐在飞驰的成昆列车上,人们犹如在一幅壮美山水画中穿行:成都平原,翠绿满目;大渡河畔,峭壁飞瀑;群山叠嶂迎面来,峰回路绕"过山车"……

1952 年草测,1958 年动工,历时 12 年建成的成昆线,由成都至昆明,行经四川盆地、横断山脉、云贵高原。

当年,对东线、中线、西线分别踏勘草测,国家最终选定地质条件极复杂、最险峻的西线方案。原因主要有三:一是靠近即将建设的攀枝花钢铁基地,二是途经我国最大的彝族聚居区——凉山彝族自治州,三是经过红军长征走过的地方。

西线被外国专家断定为"筑路禁区"——几乎出现了暗河、泥石流等所有地质灾害现象,地震烈度在 7 度以上的地段达 500 多公里,被称为"露天地质博物馆"。

但是,站起来的中国人不会被困难和挑战吓退!"上山到顶,下沟到底"——当时提出这样的勘测理念,就是要摸清西线的底细。在人迹罕至的千山万壑间,"仰望上方青天一线,俯瞰下方万丈深渊。"每个人都得像个"大"字,攀在峭壁上,一步一步移动,有时腰间拴上绳索,吊在悬崖半空测量。

　　为跨越地质地形障碍,成昆线架设桥梁 991 座,开凿隧道 427 座,桥隧长度占线路总长四成多。代表当时我国铁路建设最高水平的成昆铁路,18 项技术和工程创中国之最,其中 13 项创世界之最。

　　是谁在"禁区"创奇迹? 是谁让天堑变通途? 是谁使蓝图成现实? 是几十万筑路军民——他们用青春、汗水和热血,逢山凿路,遇水架桥,为祖国的万古江山画新图!

　　在成昆铁路 1083 公里的铁道线上,共牺牲了 2100 多名铁道兵战士,平均每 500 米就倒下一名烈士,沿线建有 22 座烈士陵园。

守路,从青丝到白首

　　"即使成昆铁路建成了,狂暴的大自然也必将在 10 年内使它变成一堆废铁。"当年外国专家的断言早已在事实面前不攻自破。

　　一代代护路人在祖国西南的深山里守了一辈子山头,看了一辈子石头,自己也熬白了头。

　　章显容当了 32 年看守工,在 K246 防洪看守点一干就是 27 年。

　　距离柏村车站 3 公里多的 K246 看守点,周围除了龇牙咧嘴的悬崖峭壁、湍急的大渡河,只有两条钢轨和一个看守棚。从王村棚洞出口到大火夹隧道口,300 余米线路,就是章显容的巡线区域,每小时要巡视一次。

　　章显容和另外 3 名女职工,两人一组,8 小时轮班,每 5 天换班一次。无论昼夜寒暑、风狂雨骤,在这 300 多米线路上,她们每天都要走几十个来回,只为监控崖壁上的风吹草动。

　　那是一个雨雾天,能见度不及百米。一阵异响突然从山上传来。正在巡查线路的章显容突见山体崩塌,岩石飞滚,"咔咔"地砸向铁路上方的防护网。

"柏村站,K246 发生险情,请立即封锁区间!"按操作规程,章显容急忙拿起对讲机呼叫。"列车 86986 两分钟前通过金口河站,已驶入区间!"对方传来回答。

"86986 司机,K246 发生险情,立即停车! 立即停车!"朝着来车方向,章显容边跑边用对讲机急呼。"那时,我的心一下子提到了嗓子眼儿。恰在那时,两块箩筐大小的石头重重地砸在道心。""雨水、汗水、泪水顺着脸颊流淌,我拼命地奔跑,不停地呼叫……"提及往事,章显容仍心有余悸。

这时,86986 次列车驶入大火夹隧道,司机听到章显容急促的呼叫,一把把闸撸到底,车轮一路摩擦钢轨,在距离落石 20米的地方,列车终于停下。

年过八旬的戴启宽至今难忘岩窝边"荡秋千"的日子。"连猴子也难攀"的布祖湾出现险石,他前去排险。系着绳子下悬崖,吊到崖窝边时,却没地方落脚,悬在半空。

成昆铁路线上的护路工

戴启宽急中生智:"在空中荡开了秋千,绳索被岩石磨得嘎嘎直响,我猛一荡,一把抓住崖壁上的藤子,用力一跃,闪身进了岩窝,排除了那几块松动的石头。"

沿着金口河—乌斯河大峡谷,戴启宽带着队友爬遍所辖 53公里区域的大小山崖,给 1000 多块危石逐一编码,绘制出"孤石危崖系列图",还标出一些"重点监护对象"。

戴启宽退休后，这支队伍就以他的名字命名，延续至今。

建成成昆线，是一个奇迹；守护好成昆线，又何尝不是奇迹？

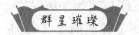

亓伟：让我日日夜夜看着攀枝花

1964年5月，中共中央做出开发攀枝花的战略决策。亓伟知道后，立即请求到攀枝花去开发宝鼎煤田。组织上让他先去看一看。亓伟离开四季如春的昆明，头戴草帽，身背水壶，足蹬草鞋，爬上了宝鼎山，仔细观察了煤田，决心把"宝贝"挖出来。

1965年1月，亓伟离开妻子儿女来到宝鼎山下，担任宝鼎山煤矿建设指挥部党委书记。当时生活艰苦，亓伟组织职工先搞"三通一住"（通水、通电、通路，解决住房）。在他的领导下，砌墙无砖，自己动手筑土墙；无瓦，割山草盖房；无木材，有计划地去森林砍伐；无公路，开山挖路；无灯，就用蜡烛、松油枝；无自来水，到金沙江边一盆一盆往上端。就这样，职工很快安居下来。

"花木兰"班由彝、傣、纳西等各民族的12个16～20岁的姑娘组成，她们提出把盖房用的山草全包下来。于是，她们带上豆腐乳、冷馒头上山割草。第一天每人只能割30多公斤，回到住地腰酸背痛，有的低声哭泣。亓伟知道后把班长找来问，方知姑娘们想妈妈了。亓伟建议开个想妈妈的会。会上，大家谈了对妈妈的回忆。亓伟也谈了自己离家思念父母的体会，并说："我希望你们在想念自己的母亲时，更多地想想祖国这个伟大的母亲，想想怎样使她富强，想想怎样为她做贡献。""花木兰"班的姑娘们割了一年茅草，保证了7000多平方米房屋用草。班长李祥志被评为全市著名的"六金花"。"花木兰"班被矿区党委称为英雄集体。

新来矿区的工人生活不习惯,亓伟常到宿舍嘘寒问暖。工人们常亲切地叫他"贴心书记"。

攀枝花建设全面上马,煤是建设的关键。亓伟带着 200 人,来到乱石、荒草、木棒交叉的井口,和大家商议如何恢复生产。在无通风设备的情况下,他同几个老工人冒着危险下井探察,经过 28 个昼夜的苦战,日产原煤 90 吨,保证了攀枝花发电厂投产用煤。28 个日日夜夜,亓伟和职工一样没有洗过一次热水澡,没有吃过一块肉,没有见过一片青菜。后来,他们又连续奋战 16 个月,终于建成年产 15 万吨的矿井。

接着,亓伟又投入到太平矿建设中。这个矿设计能力为 75 万吨。亓伟到现场指挥,和工人一起打眼放炮,有时一干十多个小时。当副井掘至 300 米时,有 4 处断层涌水,他同工人顶着淋头水打眼、放炮、铺轨。一天下来,他站立不住,行路困难。大家劝他回去休息,他说:"一个党的干部不能在群众艰苦奋斗时自己躺在床上休息。"

亓伟塑像

1971 年 5 月的一天,亓伟突然晕倒。经医院检查,他患肺癌已进入晚期。住院期间,亓伟将《共产党宣言》《为人民服务》读了几遍。他在笔记本上写道:"和民族敌人斗,苦死不怕;和大自然斗,敢字当头;和癌病斗,坚定沉着。活着建设攀枝花,死了埋在攀枝花!"一个医生问他,生病为什么不在家休息? 他说:"你应该知道,我的时间不多了,所以我要回来。我还要动员家里人都来,学习老愚公嘛,愚公子子孙孙挖山不止。我也要教育子孙,建设攀枝花。"在生命垂危之际,亓伟仍笑着说:"同志们不要难过,我不要紧,望你们把攀枝花建设好……我死后,请把我埋在宝鼎山上,让我日日夜夜看着攀枝花出煤、出铁、出钢。"

1972 年 3 月 26 日,亓伟逝世,终年 60 岁。

铁道兵:气壮山河的开路先锋 🔍

在黑龙江省大兴安岭首府加格达奇的北山上,有一座造型奇特的建筑耸立在万绿丛中,那是两根放大的钢轨,各宽 1.3 米、高 20 米,中部是一个中国人民解放军铁道兵兵徽,像一个巨型的解不开的结,把两根钢轨紧紧连接。这座标志性的建筑就是"铁道兵纪念碑"。

铁道兵纪念碑

中华人民共和国成立后,曾于 1955 年和 1958 年两次组织人力开发大兴安岭,但由于极度严寒,站不住脚,都先后搁置。直到 1964 年才进行第三次开发。此次开发的成功,功劳应归功于英勇的铁道兵,他们用生命和血的代价打开了大兴安岭这座绿色宝库的大门。据碑文记载,从 1964 年到 1983 年,铁道兵三、六、九师 8 万官兵会战大兴安岭,共修建铁路 792 千米、桥梁 124 座、隧道 14 座。

铁道兵是大兴安岭开发的功臣。他们爬冰卧雪,风餐露宿,英勇开拓,顽强拼搏,克服无数难以想象的艰难困苦,付出了巨大的牺牲,硬是把钢铁轨道铺进了千年沉寂、人迹罕至的林海雪原,使嫩林铁路贯穿在大兴安岭山脉,一直延伸到祖国版图最北端的城市漠河。

在极端严寒和困苦的条件下,铁道兵战士付出了鲜血和生命的代价。每2公里就有一位战士付出宝贵的生命。可以说,这是一条用生命铺就的钢铁线路!铁道兵纪念碑不仅是对8万铁道兵战士开发大兴安岭的纪念,同时也是突破高寒禁区的大兴安岭精神的具体体现,更是大兴安岭开发建设史的见证。为铭记他们的丰功伟绩,缅怀英勇献身的烈士,特立碑永志。

梁忠孟:雷锋式的好干部 🔍

梁忠孟参加革命后,始终以共产党员的标准严格要求自己,以革命加拼命的精神忘我工作。1954年,从抗美援朝战场上回国后,梁忠孟一心扑在社会主义建设事业上,20多个春秋里,先后参加了成都至昆明、青海至西藏、鹰潭至厦门等9条铁路的修建。他大公无私,处处为国家着想,1957年积极响应党的号召,让随军的家属和子女还乡,参加农业劳动。

1965年,在修建成昆铁路重难点工程——赵坪1号隧道时,他组织突击队,在峭壁上开挖横洞,增加作业面,创造了月成洞254米的优异成绩。1975年4月,时任铁十师四十八团副团长,身患糖尿病、高血压、心脏病的他坚决请缨投入青藏铁路建设,不顾高原反应,在15天内跑遍了全团的每一个连队和工地。为掌握工程进度和解决施工难题,他主动到基层蹲点,虽然身体状况越来越差,他却不愿下山,只在团卫生队住了20天,便毅然返回工地,面对海拔 3600 米的高原环境考验不愿退下一步。他以"毫不畏惧"的精神在"修路禁区"树起了一面旗帜,成为在艰难险境中征服大自然的一股英勇力量,以"完全彻底为社会主义建设事业"的坚定信念始终践行着自己的"使命"。

他先后 4 次奋不顾身地抢救战士。1956 年春,在一次实弹投掷中,有位新战士过于紧张,手榴弹只投出几米远,梁忠孟不顾一切冲上去,把即将爆炸的手榴弹捡起投出,避免了一起严重事故。1966 年,在一次隧道大塌方中,他不顾个人安危,和战士一起把卡在石缝中的一位战士救出。在部队工作 30 年,他曾立三等功两次,被授予"先进生产者"荣誉称号。

梁忠孟

1977 年 2 月 12 日,梁忠孟回山东老家探亲。途经青岛市崂山县李村古镇路时,青岛警备区一四一医院一辆马车的套骡受惊,从他身后猛冲过来。前方是交叉路口,来往行人和车辆很多,如拦不住惊骡,车上的驭手和行人就有伤亡的危险。

危急时刻,梁忠孟毫不犹豫地猛冲上前,紧紧抓住套骡的笼头,拼命向后拉。但辕马依然前冲,撞着套骡腰部,套骡再次受惊,向前猛窜,将梁忠孟撞倒在地。驭手和周围群众脱险了,梁忠孟却被套骡踩伤头部,造成颅底骨折,脑挫裂伤,经抢救无效,壮烈牺牲。他用共产党人的钢铁身躯挽救了战士和群众的生命,他用"完全彻底为人民"的情怀坚守着自己的"初心"。

4. "两弹一星"树国威

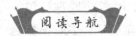

1964年10月16日15时,中国第一颗原子弹爆炸成功,使中国成为第五个拥有原子弹的国家;1967年6月17日上午8时,中国第一颗氢弹空爆试验成功;1970年4月24日21时,中国第一颗人造卫星发射成功,使中国成为第五个成功发射人造卫星的国家。中国的"两弹一星"是20世纪下半叶中华民族创建的辉煌伟业。

大批优秀共产党员、科技工作者,包括许多在国外已经有杰出成就的科学家,他们以身许国,怀着对祖国的满腔热爱,响应党和国家的召唤,义无反顾地投身到这一神圣而伟大的事业中。他们和广大干部、工人、解放军指战员一起,在十分艰苦的情况下,自力更生,奋发图强,用较少投入和较短时间突破了核弹、导弹和人造卫星等尖端技术,取得了举世瞩目的辉煌成就。

第一颗原子弹爆炸成功

1964年10月16日,中国第一颗原子弹爆炸成功。这次核试验是15时(北京时间)在中国西部地区进行的。同日,中共中央和国务院联名致电参与首次核试验的全体人员和一切从事国防建设的同志们,热烈祝贺第一次核试验成功的巨大胜利。

贺电指出，首次核试验的成功标志着中国国防现代化进入了一个新阶段。这对美帝国主义核垄断、核讹诈的政策是一个强有力的打击，对全世界一切爱好和平的人民而言是一个极大的鼓舞。

中国第一颗原子弹爆炸成功

中国政府就中国成功地进行第一次核试验发表声明。声明全面地阐述了中国对于核武器问题的立场。声明指出，中国进行核试验，发展核武器，乃被迫而为。面对日益增长的来自美国的核威胁，中国不能坐视不理。声明郑重宣布，中国在任何时候、任何情况下都不会首先使用核武器。

声明建议，召开世界各国首脑会议，讨论全面禁止和彻底销毁核武器问题。各国首脑会议应当达成协议，即拥有核武器的国家和很快可能拥有核武器的国家承担义务，保证不使用核武器，不对无核武器国家使用核武器，不对无核武器区使用核武器，彼此也不使用核武器。10 月 17 日，周恩来致电世界各国政府首脑，转达中国政府关于召开世界各国首脑会议讨论全面禁止和彻底销毁核武器的建议。

第一颗氢弹爆炸成功

1967 年 6 月 17 日上午 8 时 20 分，我国第一颗氢弹爆炸试验成功，罗布泊上空同时升起了两颗"太阳"，一颗是喷薄而起的自然界太阳，另一颗"太阳"迸发出比 1000 个太阳还要耀眼的光芒。这就是爆炸的中国氢弹！当天深夜，这条消息从北京传出。一时

间,举国沸腾,举世震惊,各国争相报道、评论:

《共同社》东京深夜广播说,中国第一颗氢弹爆炸成功。到18日零时半的时候,北京市内就已经出动了大批的敲锣打鼓的游行队伍,天安门前的长安街路灯辉煌,全部点起,交通警察大量出动。天安门前广场上张贴着"热烈欢呼第一颗氢弹爆炸成功"的标语。

英国《星期日泰晤士报》发表评论称:中国在通向完全核地位的道路上前进的速度又一次使西方专家们大为惊诧。她的第一颗氢弹爆炸的实现,比预计早了6个月到一年的时间。中国由原子武器到制造热核武器所用的时间比任何其他国家都短,现在已经追上了法国。

1996年7月29日,在成功地进行了又一次地下核试验后,我国政府宣告:从1964年10月16日第一次核试验起,经过30多年的努力,中国已建立起一支精干、有效的核自卫力量;从1996年7月30日起,中国暂停核试验。

中国第一颗氢弹爆炸成功

自1964年我国第一颗原子弹爆炸成功以来,每当蘑菇云从罗布泊升起,我国政府都郑重宣布:中国进行必要而有限制的核试验,发展核武器,完全是为了防御,为了自卫,为了保卫世界和平,为了打破核讹诈和核威胁,防止核战争,最终消灭核武器。中国在任何时候、任何情况下都不会首先使用核武器。

太空响起"东方红"音乐

1957 年秋,苏联发射了世界上第一颗人造地球卫星成功,紧接着在 1958 年初春,美国也发射了自己的第一颗人造地球卫星,这引起了全世界的关注。就在这个时候,我国著名地球物理学家赵九章向国家提出研制中国人造地球卫星的建议。毛泽东主席对这个建议十分重视,并在中共八届二中全会上说:"我们也要搞人造卫星。"

中国卫星研制工作开始于 20 世纪 50 年代末期,是在基础工业比较薄弱、科技水平相对落后、国家财力有限的条件下发展起来的。为了使中国人造卫星早日上天,中国科学院组织我国著名科学家们制订了"三步走"的发展规划:第一步,实现卫星上天;第二步,研制回收型卫星;第三步,发射同步通信卫星。

"东方红一号"卫星

当时不但国家工业基础薄弱,世界各国还对我们进行技术封锁,加上当时我国又处于自然灾害频发的动荡时期,因此,科学研制工作在异常艰难和曲折中进行。中国是一个社会主义国家,其最大的优越性就是能够做到大力协同,集中力量办大事。只要国家出面,把全国各部门的优势集中起来,我国的通信卫星技术就有条件、有基础、有能力搞上去。

1970 年 4 月 24 日,"东方红一号"卫星从中国西北酒泉卫星发射中心发射升空。"东方红一号"卫星除了装有试验仪器外,同时还以 20.009 兆赫的频率发射《东方红》音乐。"东方红一号"卫星肩负的主要任务是进行卫星技术试验、探测电离层和大气层密度。设计工作寿命 20 天(实际工作寿命 28 天),期间把遥测参数和各种太空探测资料传回地面,同年 5 月 14 日停止发射信号。

在《东方红》乐曲响彻浩瀚宇宙的同时,所有炎黄子孙都深深感受到自豪与光荣;中国也开始向技术更新更全面、应用内容更广泛的新型卫星方面进军!

群星璀璨

钱学森:中国航天之父 🔍

1938 年至 1955 年,钱学森在美国从事空气动力学、固体力学和火箭、导弹等领域研究,并与导师冯·卡门共同完成高速空气动力学问题研究课题和建立"卡门—钱近似"公式,在 28 岁时就成为世界知名的空气动力学家。

尽管在美国有着优厚的工作和生活待遇,功成名就的钱学森却始终关心着祖国的发展。1955 年 10 月,钱学森终于冲破种种阻力回到祖国。回国后,他和钱伟长合作筹建中国科学院力学研究所,并出任该所首任所长。不久后,他就全面投入到中国的火箭和导弹研制的工作中。

1956 年初,钱学森向中共中央、国务院提出《建立我国国防航空工业的意见书》。在《意见书》中,他对发展我国的导弹事业提出了长远规划。同年,国务院、中央军委根据他的建议,成立了导弹、航空科学研究的领导机构——航空工业委员会,并任命他为委员。

也是在这一年,钱学森受命组建中国第一个火箭、导弹研究机构——国防部第五研究院,担任首任院长。

从那时开始,钱学森长期担任火箭导弹和航天器研制的技术领导职务,以自身在总体、动力、制导、气动力、结构、材料、计算机、质量控制和科技管理等领域的丰富知识,对中国火箭、导弹和航天事业的发展做出了重大贡献,赢得了"中国航天之父"的美誉。

钱学森

钱学森主持完成了"喷气和火箭技术的建立"规划,参与了近程导弹、中近程导弹和中国第一颗人造地球卫星的研制,直接领导了用中近程导弹运载原子弹的"两弹结合"试验,参与制订了中国第一个星际航空的发展规划,发展建立了工程控制论和系统学等。

钱学森是举世公认的人类航天科技的重要开创者和主要奠基人之一,是工程控制论的创始人,是 20 世纪应用数学和应用力学领域的领袖人物,被称为中国近代力学和系统工程理论与应用研究的奠基人。他在空气动力学、航空工程、喷气推进、工程控制论、物理力学等科学技术领域做出了开创性贡献,著有《工程控制论》《论系统工程》《星际航行概论》等。

钱学森是中国科学院院士、中国工程院院士,曾获中科院自然科学奖一等奖、国家科技进步奖特等奖、小罗克韦尔奖章和世界级科学与工程名人称号,被国务院、中央军委授予"国家杰出贡献科学家"荣誉称号,获中共中央、国务院、中央军委颁发的"两弹一星”功勋奖章。

在毕生实践着科学报国信念的奋斗历程中，钱学森淡泊名利，人品高洁，充分展现出一位科学大师的高尚风范。他说："我作为一名中国的科技工作者，活着的目的就是要为人民服务。如果人民最后对我一生所做的工作表示满意的话，那才是对我最高的奖赏。"

2009 年 10 月 31 日，这位被誉为人民科学家的科学巨匠走完了 98 年的人生历程，溘然长逝。

2009 年，钱学森被评为"100 位新中国成立以来感动中国人物"。

于敏：为国雪藏 30 年

于敏，核物理学家，在中国氢弹原理突破中解决了一系列基础问题，提出了从原理到构形基本完整的设想，为中国核武器进一步发展到国际先进水平做出了重要贡献。

从一张白纸开始

于敏的学术成果几乎从未公开发表过，甚至于老本人也很少露面。连他的名字，在 1988 年前都是不为人知的，但这并不妨碍他为中国科研做出伟大的贡献。于敏出生于一个普通的家庭，他从小就爱读书。1944 年，于敏考入北京大学，在那里度过了敏而好学的求学时光。本科毕业后他考取研究生，并在北京大学兼任助教。

1961 年，正当于敏在原子核理论研究中可能取得重大成果时，钱三强找他谈话，秘密交给他氢弹理论探索的任务。时年 34 岁，已经在国内原子核理论研究领域辛勤耕耘了近 10 年并取得出色成绩的于敏面对祖国的召唤，坚定地说："面对这样庞大的题目,我不能有另一种选择。一个人的名字早晚要消失,能把微薄力量融进祖国强盛之中,便足感欣慰。""国家兴亡,匹夫有责",面对这一重大、艰巨、光荣而神圣的任务,于敏觉得自己不能再有另一种选择,只能接受,转行!

于　敏

从那一天起,他开始了隐姓埋名的生涯,一藏就是30年,连妻子都没想到于敏是从事高级别秘密工作的。在中国核物理的几位开创者中,他是唯一一个未曾留过学的人。在氢弹的理论探索中,他从一张白纸开始,潜心专注于研究新领域,举一反三进行理论探索。

从原子弹到氢弹,按照突破原理试验的时间比较,美国用了7年零3个月,英国用了4年零3个月,法国用了8年零6个月,苏联用了4年零3个月,而中国只用了2年零8个月,这是世界上最快的速度。在氢弹研制过程中,于敏提出从原理到构形基本完整的设想,成为中国氢弹研制中的关键人物。

于敏一生只有两次公开露面:一次是1999年,国家为"两弹一星"元勋授奖;另外一次是2015年1月9日,国家科技奖颁奖,于敏成为最高科技奖的唯一获得者。

2018年12月18日,在改革开放40周年的庆祝大会上,于敏被授予"改革先锋"荣誉称号。

2019年1月16日,于敏在北京去世,享年93岁。

三、改革开放 决胜小康

1978 年 12 月 18 日,在中华民族历史上,在中国共产党历史上,在中华人民共和国历史上,都必然是载入史册的重要日子。这一天,中国共产党召开第十一届三中全会,实现了中华人民共和国成立以来党的历史上具有深远意义的伟大转折,开启了改革开放和社会主义现代化的伟大征程。

2021 年,在建党 100 年时,中国共产党带领各族人民建成经济更加发展、民主更加健全、科教更加进步、文化更加繁荣、社会更加和谐、人民生活更加殷实的小康社会;然后,决心再奋斗 30 年,到中华人民共和国成立 100 年时,基本实现现代化,把我国建成为社会主义现代化国家!

历史足迹

1. 1978 年 12 月 18 日,中国共产党召开第十一届三中全会。全会中心议题是把全党工作重点转移到经济建设上来。

2. 1997 年 7 月 1 日 1 时 30 分,中华人民共和国香港特别行政区成立暨特区政府宣誓就职仪式在香港会议展览中心隆重举行。

3. 1999 年 12 月 20 日 0 时,中华人民共和国和葡萄牙共和国两国政府在澳门文化中心举行政权交接仪式。澳门回归祖国,这是继 1997 年 7 月 1 日香港回归祖国之后,中华民族在实现祖国统一大业上的又一盛事。

4. 1982 年 9 月,党的十二大正式提出"小康社会",将其作为 20 世纪末的战略目标。

5. 2002 年 11 月,党的十六大正式确立"全面建设小康社会"的奋斗目标。

6. 2007 年 10 月 24 日,我国在西昌卫星发射中心用长征三号甲运载火箭将"嫦娥一号"卫星成功送入太空并进入预定地球轨道。"嫦娥一号"是我国自主研制的第一颗月球探测卫星,标志着我国实施绕月探测工程迈出重要一步。

7. 1984 年 5 月,青藏铁路一期工程建成通车;2006 年 7 月 1 日,青藏铁路全线通车。

8. 2003 年 10 月 15 日,杨利伟乘由长征二号 F 火箭运载的神舟五号飞船首次进入太空,象征着中国太空事业向前迈进一大步,起到了里程碑作用。

9. 2008 年 9 月 25 日,我国神舟七号发射成功,这是中国第三个载人太空飞船,实现了中国历史上的第一次太空漫步,令中国成为世界上第三个有能力把人类送上太空并进行太空漫步的国家。

10. 第 29 届奥运会于 2008 年 8 月 8 日至 24 日在北京举行。北京残奥会于 2008 年 9 月 6 日至 17 日举行。

11. 杭州湾跨海大桥于 2003 年 6 月 8 日奠基建设;2007 年 6 月 26 日完成合龙工程,全线贯通;2008 年 5 月 1 日通车运营。

12. 2012 年 11 月,党的十八大提出"全面建成小康社会",标志着我国开始迈向全面建成小康社会的新征程。

13. 2017 年 10 月 18 日至 10 月 24 日,中国共产党第十九次全国代表大会在北京召开。习近平总书记做题为《决胜全面建成小康社会 夺取新时代中国特色社会主义伟大胜利》的报告。

14. 2020 年 10 月,中国共产党第十九届五中全会在北京召开。全会高度评价中国全面建成小康社会取得的伟大成就。

1. 消除贫困　共同富裕

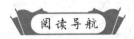

改革开放极大地改变了中国的面貌、中华民族的面貌、中国人民的面貌、中国共产党的面貌。正是缘于改革开放，中华民族迎来了从站起来、富起来到强起来的伟大飞跃，中国特色社会主义迎来了从创立、发展到完善的伟大飞跃，中国人民迎来了从温饱不足到小康富裕的伟大飞跃。

敢为人先的小岗村

小岗村位于安徽省凤阳县城东南 20 公里，是一个海拔 50 米左右的丘陵岗地。1978 年夏秋之际，安徽省遭遇了百年不遇的特大旱灾，人民生活出现严重困难。

当时，中共安徽省委做出把集体无法耕种的土地借给农民耕种，谁种谁收，不向农民收统购粮的"借地种粮"决策。

"借地种粮"的决策唤起了农民的生产自救积极性，从而诱发了凤阳县小岗生产队"包产到户"的行动。中学毕业生严宏昌是当时小岗村少有的有文化的农民，他返回小岗村并当选村干部（副队长）。1978 年 11 月 24 日，小岗村 18 位农民在严宏昌的带领下，在一张"包干到户"的字据上按下了充满悲壮意味的 18 个红手印。他们一致认为，要想叫大家不吵不闹，都有碗饭吃，就不能再维持原来生产队的模式,只有一家一户地分开干才能成功。

严宏昌等村干部决定带头立一纸文书。文书中写道:"我们分田到户,每户户主签字盖章,如以后能干,保证完成每户的全年上缴和公粮,不再伸手向国家要钱要粮;如不成,我们干部坐牢杀头也甘心。大家社员也保证,把我们的小孩养活到十八岁。"然后,他把小岗村18户人家的代表悉数写出,大家逐一在自己的名字上按上手印。这一纸带有手印的"契约",成为反映中国农村改革历史性突破的重要文书。

"包产到户"责任制把生产队的统一经营与家庭的分户经营结合起来,把农民的切身利益同产量密切联系起来,有效地克服了平均主义和干活瞎指挥的弊病。

当年小岗村村民的红手印

1979年10月,小岗村打谷场上一片金黄。经计算,当年粮食总产量为66吨,相当于全村1966~1970年5年粮食产量的总和。

小岗村农民的"包产到户"开启了全国农村家庭联产承包责任制的实践,并成为打破农村经济旧体制的坚冰、推动农村改革取得重大突破的典型。

十八洞村的巨变

在武陵山腹地,湘西自治州花垣县深处,有一个古老的村寨。因村旁山中有18个天然溶洞,故命名为十八洞村。村内群山环绕,云追雾逐,苍翠秀美。

在 2013 年以前，这个偏远的地方是个典型的贫困村。全村 939 人，人均耕地 0.83 亩。村里的劳动力大多外出在浙江一带务工，留在村里的非老即小。

2013 年 11 月，习近平总书记在这里提出了"精准扶贫"的重要战略思想，做出了"实事求是、因地制宜、分类指导、精准扶贫"的重要指示。

此后，经过数年奋斗，从村容村貌到经济产业，从经济收入到精神状态，十八洞村都发生了翻天覆地的变化。这些点滴变化书写着一部"可推广可复制的精准扶贫之路"。

中国邮票:《精准扶贫》

2017 年 2 月 18 日，湖南省宣布，包括十八洞村在内的全省 1053 个贫困村脱贫出列。

如今，秀美古朴的十八洞村村口"精准扶贫"的石碑格外醒目；村内，砖木结构的苗家宅院、青草点缀的

今日十八洞村

石板路令人心旷神怡，传统苗寨焕然一新。

全村 225 户房前屋后都铺上了青石板路，房屋在保持原有苗寨风格的基础上进行了修葺。4.8 公里村道拓宽硬化，全部铺上了沥青路面，双向两车道通行；核心景区配套建设了梨子寨停车场、公厕、成富家观景台、千米游步道。同时，升级改造了村小学

和卫生室,建立了村级电商服务站,无线网络覆盖了全村。十八洞村被评为"国家旅游扶贫重点村",游客络绎不绝。

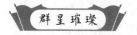

史来贺:最美奋斗者

史来贺,河南省新乡市刘庄村原党委书记,全国著名劳动模范。被中共中央组织部誉为"在群众中享有崇高威望的共产党员优秀代表"。党的第十一届三中全会以后,史来贺带领群众向高科技进军,引领刘庄形成以农促工、以工建农、农工商并举的商品经济发展新格局。2019 年 9 月,史来贺获得"最美奋斗者"荣誉称号。

为集体积累财富

刘庄地处豫北黄河故道,历史给这块 1.5 平方公里的土地留下了 4 条 3 米多深、纵横交错的荒沟和 700 多块高低不平的"盐碱洼""蛤蟆窝"荒地。从 1953 年开始,史来贺带领刘庄人车推、肩挑、人抬,起岗填沟,拉沙盖碱,用了整整 20 年时间,投工 40 万个,动土 200 多万立方米,把一块块荒地变成了"旱能浇,涝能排"的高产稳产田。

种粮、种棉给刘庄人带来了温饱,但如何让刘庄群众富起来,史来贺琢磨来琢磨去,看中了畜牧业。1964 年,当时集体的家底还不厚实,史来贺花 90 元钱从新乡买回 3 头小奶牛,后来派人到新疆买回 27 匹母马。经过精心饲养,3 年后,小奶牛变成了一群牛,小马驹变成了大马群!

刘庄工业的起步也颇具传奇色彩。1974 年,村里拖拉机上的喇叭坏了,换新的到处买不来,两名司机试着把坏喇叭拆下来修理,居然修好了。这下可乐坏了老史:咱能修喇叭,为啥不能造喇叭? 在一无资金、二无技术的情况下,史来贺同大家一起进行试验,一次不行两次,小喇叭终于试制成功。开始时一天只能生产 1对,后来增加到 5 对、50 对、100对……刘庄的小喇叭响遍了大江

史来贺

南北。接着,史来贺带领刘庄人又陆续建起了食品厂、造纸厂、淀粉厂等,不仅有效转移了剩余劳动力,还为集体积累了大量财富。

坚持改革,走好自己路

　　党的第十一届三中全会以后,随着家庭联产承包责任制的推行,我国农村勃发出一派生机。刘庄的土地分不分到农户? 工厂包不包到个人? 通过广泛征求群众意见,刘庄从本村实际情况出发,兼容家庭联产承包责任制的优点,克服"大锅饭"弊病,成立了农工商联合社,把农、牧、副、商、工等统一起来,实行联产承包责任制。实践证明:史来贺的决断和刘庄人的选择是正确的。这种新的经营方式既充分发挥了集体经济的优越性,又极大地调动了个人的积极性,为商品经济发展注入了更为充足和旺盛的活力。

　　史来贺与村党委一班人几十年如一日,把教育当作头等大事来抓。为全面提高刘庄人的素质,刘庄投巨资建起了高标准的学校,使村里青少年不出村就可以受到从幼儿园到高中的系统教育。在选拔有培养前途的优秀青年到高等院校、科研单位进修的

今天的刘庄

同时,刘庄还邀请大专院校到村里办班。

"五十年红旗不倒",既是说的刘庄,更是对史来贺的赞誉。刘庄始终坚持走一条适合自己的发展之路,始终坚持走一条共同富裕之路。史来贺为了刘庄的发展,为了刘庄群众的富裕,吃了一辈子亏,换来的是刘庄群众对党组织的无限信赖,换来的是基层党组织在群众中的凝聚力、感召力和战斗力。

金玉琴:一片丹心映党旗 🔍

"一人富不是富,一起富才是富。"正是这一想法,激励着金玉琴在当上村党支部书记后,领导安徽省黄山市黟县洪星乡红光村在 6 年间实现了翻天覆地的变化。

红光村位于山区,林场资源丰富,祖祖辈辈靠采伐林木过活,但是交通不便严重影响了村民的出行和生产劳动。

"新官上任三把火。"金玉琴上任伊始,就把目光瞄准了村里的两条路和一座桥。这两条路和一座桥位于红光村的汤村组和汪村组。"以前没有路和桥,村民上山、过河都只能靠手提肩扛,碰到雨天山洪,更是完全不能出门。"金玉琴说,"即使困难再大,为了百姓,也一定要做好。"她下决心要把这件事办好。

建桥需要找设计师,她四处奔走寻人;预算高达 110 万元,她挠头不已……同时,有人提醒她:不修路和桥,村民走田埂和她没关系;要是路和桥修好了,村民开车出了事故可得承担责任。

面对困难和质疑,金玉琴有自己的想法:"当上了村党支部书记,这是村民的信任,即使困难再大,为了百姓,也一定要做好。"

　　于是,金玉琴在各个政府部门之间奔走,同时依靠各项扶贫政策,最终筹集了 80 多万元,于 2014 年为村里修建了全长 3 公里的两条路、一座 20 米长的桥。

　　"以前上山要走半小时,现在只要十几分钟,有了路和桥,通了汽车,机械也能运进山里,大大提高了生产效率。"金玉琴说。

　　红光村耕地匮乏,总是戴着"贫困村"的帽子。

　　望着广袤的林场,金玉琴在种养殖业上动起了脑筋。怎么才能让村民主动参与进来呢? 金玉琴有自己的一套办法。她率先垂范,开始在自己家承包的林场发展种养殖业。"这是一种尝试,也是一种示范。若种养殖业发展效果好,村民自然愿意加入进来,还能总结经验教训,给村民一些技术上的支持。"金玉琴将部分村

金玉琴

集体林场以联营方式与企业合作,种养殖高山蔬菜、山羊、黑鸡等,村集体在获得收益的同时也带动了周边群众积极参与。几年下来,村级集体经济快速提升,人均可支配收入也大幅上升。2016 年,红光村就摘了贫困帽。

　　如今的红光村,道路通了,路灯亮了,村庄美了,村民富了……这些年,金玉琴以自己的实际行动和崇高品格,谱写出一曲无私奉献的赞歌。

2. 让城市和谐、宜居、更美好

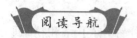

改革开放以来,我国经历了世界历史上规模最大、速度最快的城镇化进程,城市发展波澜壮阔,取得了举世瞩目的成就。

城市发展带动了整个经济社会的发展,城市建设成为现代化建设的重要引擎。城市是我国经济、政治、文化、社会等方面活动的中心,在党和国家工作全局中具有举足轻重的地位。

大手笔:开放14个沿海港口城市

1984年,邓小平视察了深圳、珠海、厦门3个特区。回到北京后,邓小平同几位中央领导人商讨进一步解放思想,抓住机遇,扩大开放问题。邓小平认为,厦门特区地方太小,要把整个厦门岛搞成特区,并由此而萌生出一种新的设想:"除现在的特区之外,可以考虑再开放几个港口城市,如大连、青岛。这些地方不叫特区,但可以实行特区的某些政策。"

这是一种新的开放形式,是一种构造多层次、立体化的开放格局,也是一种将开放和改革有机结合在一起的大胆设想。

按照邓小平的意见,中共中央、国务院在北京召开了沿海部分城市座谈会,到会的有天津、上海、大连、深圳、珠海等市和海南行政区的负责人共90余人。与会者在一种振奋、活跃的气氛中展开了热烈的讨论。

随后,中共中央和国务院转发了这次沿海部分城市座谈会的纪要,做出决定:开放天津、上海、大连、秦皇岛、烟台、青岛、连云港、南通、宁波、温州、福州、广州、湛江、北海等 14 个沿海港口城市,建立经济技术开发区,以此带动整个沿海地带的开放和发展。

大布局:建设粤港澳大湾区

粤港澳大湾区由香港、澳门两个特别行政区和广东省的广州、深圳、珠海、佛山、惠州、东莞、中山、江门、肇庆 9 个珠三角城市组成,总面积 5.6 万平方公里,2018 年末总人口已达 7000 万人,是中国开放程度最高、经济活力最强的区域之一,在国家发展大局中具有重要战略地位。

推进粤港澳大湾区建设,是党中央做出的重大决策,是习近平总书记亲自谋划、亲自部署、亲自推动的国家战略,是新时代推动形成全面开放新格局的新举措,也是推动"一国两制"事业发展的新实践。推进建设粤港澳大湾区,有利于深化内地和港澳的交流与合作,对港澳参与国家发展战略、提升竞争力、保持长期繁荣稳定具有重要意义。

2017 年 7 月 1 日,习近平总书记出席《深化粤港澳合作 推进大湾区建设框架协议》签署仪式。2019 年 2 月 18 日,中共中央和国务院印发《粤港澳大湾区发展规划纲要》。按照规划纲要,粤港澳大湾区不仅要建成充满活力的世界级城市群、国际科技创新中心、"一带一路"建设的重要支撑、内地与港澳深度合作示范区,还要打造成宜居宜业宜游的优质生活圈,成为高质量发展的典范。

幸福拉萨

拉萨市在"CCTV 经济生活大调查"中荣获"全国幸福比例最高的 10 座城市"第一名。这既是对拉萨整座城市的褒奖,也是对拉萨人民生活质量的认可。

拉萨发生的天翻地覆的变化,不仅在于城市环境、公共交通等公共服务硬件设施,更大、更多的还是拉萨人民对幸福的认同感、获得感。"虽然我们的经济发展与北上广、长三角和珠三角等发达地区之间还有很大的差距,但我们在这儿生活非常幸福。"拉萨市民次仁旺姆说。

无论是在放牧,还是在做工,或是在拥挤的公交车上,拉萨人民爽朗的笑声和开心的言语都印证着次仁旺姆的话。事实上,在中央电视台生活栏目调查中,拉萨市连续 7 年荣获"百姓幸福感最强城市"第一位。拉萨市委书记认为,拉萨市民的幸福感得益于近几年的一系列政策,特别是有关民生的 10 项政策。

"民生"成为头等大事。在拉萨,上学的费用基本为"零",拉萨的孩子上学实行了义务教育"三包"——包吃、包住、包学费的政策,并免费配送书本、校服、文具等。

拉萨市将"教学就业"当成政府重点民生工程,全市保持零就业家庭动态清零,高校毕业生实现全就业。

从拉萨出发,驱车前往纳木错。尽管翻越崇山峻岭,但平整的沥青路并没让人感觉道路崎岖,沿途经过好几个牧区,黑白相间的羊群在碧绿的草原上悠闲地吃着草,现在的牧民已经很少随牧四处游荡,大部分都已盖起楼房定居。

走进藏民多布杰的家里,宽敞明亮的小洋楼比一般汉族家庭还要阔气,好客的主人摆上奶酪,斟上酥油茶。多布杰 1999 年从部队退伍转业到地方,开始着手项目工程,经过十几年的发展,公司现有本地区工人 60 余人,连同科技人员一共 94 人。多布杰说,带动老百姓富起来是当年创业的一大目的。

为了让每个人都有一技之长,能找到工作,拉萨每年投入近亿元资金进行培训,包括农民免费办驾驶培训班、烹饪培训班、种植蔬菜的培训班、园林环保的培训班,拉萨现在整个的失业率控制在了 2‰以内,实际上几乎全部实现了就业。

拉萨街头

现在的拉萨,城市绿化面积前所未有,城市供排水系统达到百分之百。具有鲜明民族特色的大楼被延续了下来,一栋栋大楼拔地而起。

拉萨人过去穿的都是牛皮,不是很舒服,现在穿什么的都有,要什么都可以买到。过去的拉萨,要吃到新鲜的蔬菜,是很困难的,进藏的干部坐飞机都带着几个西红柿、几个辣椒,大家都分着吃,现在海鲜、水果等应有尽有,水果和北京超市里的新鲜水果没有任何差别。

每一个藏民从自己身边的变化——从吃的、住的、行的、看的、上学的、看病的等方面体会到一种前所未有的幸福感。

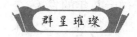

秦振华：美好城市的领跑者 🔍

秦振华，中共党员，改革开放进程中具有标志意义的人物之一。他大胆解放思想，勇于打破藩篱，抢抓机遇，奋力拼搏，推出一系列改革举措，推动张家港市经济社会跨越式发展，创下了 28 个"全国第一"。

秦振华

1992 年 1 月，56 岁的秦振华担任张家港市委书记。刚一上任，他就响亮地提出两句话：一句话是"三超一争"，即"工业超常熟，外贸超吴江，城建超昆山，各项工作争第一"；另一句话就是后来叫响全国的张家港精神："团结拼搏、负重奋进、自加压力、敢于争先"。

心有多大，舞台就有多大。秦振华带领全市干部、群众一门心思艰苦创业抢发展，自加压力只争朝夕，大力实施以港兴市和外向带动战略，在这片昔日的穷沙滩上展示了一幕幕石破天惊的威武大剧：

新建了全国县级市第一条高等级的张杨公路。1992 年上任才个把星期，秦振华就带领 100 多人组成的考察团南下广东取经。"大路大发，小路小发，无路不发。"顺德县委负责人的一席话对秦振华触动颇大。紧锣密鼓地结束了南方行程，归来前，秦振华就在白云机场停机坪紧急召开市委常委会会议，并把筹备建设张杨公路的决定传达给留守在家的市长沈澍东,"一刻也等不及了! 今天就筹备!"资金严重短缺、工程量浩大、施工难度极高,所有困难,"一个一个解决!"短短一年时间,全长 33 公里双向 6 车道的张杨公路建成通车,打通了港城东西交通的大动脉,构建了港、市相连的枢纽。

抢建全国第一个内河港型国家级保税区。1992 年,国家要在江苏省建一个内河港型保税区,对于张家港而言,这无疑是一个重大机遇。省内南京港、镇江港、南通港的条件都优于张家港。"我们是没有条件,创造条件上!"4000 人大会后,3 个月,1284 户村民动迁完毕;6 个月,完成区内"五通一平"。抢建保税区成了秦振华心尖儿上的事。10 月 16 日,国务院批准张家港建保税区的公文正式下发。"以港兴市"的战略决策落到了实处,张家港掀起了新一轮建设高潮。

此外,建设了全国第一条步行街,创下了 28 个"全国第一"。全市上下大力度招商引资,120 多个大项目纷至沓来,一批世界 500 强和跨国大公司纷纷落户张家港。与此同时,张家港还大力发展规模企业和民营企业,沙钢、澳洋等 60 多家省级集团企业茁壮成长。1994 年,张家港在经济总量、入库税收、外贸出口、外资引进等方面均在苏州各县市中领先,成功实现了"三超一争"的奋斗目标。

秦振华深感百姓只有既富口袋又富脑袋,实现城乡一体化,才算真的过上了好日子。他响亮地提出了张家港"城市现代化,农村城市化,城乡一体化,港口国际化"的发展目标,要把农村变成城市,把农民变成市民。定了就干。秦振华带队南下珠海、深圳等地参观学习,并借鉴新加坡经验,请来著名专家吴良镛等按照"品味要高,造型要美,生态要好,居住要舒适,五十年不落后"

的要求编制市域规划、城镇体系规划和村镇建设规划，一幅美丽的蓝图在港城大地展开。

今天的张家港

　　秦振华的生态环保理念亦非常超前。他在上级还没有要求和规定的情况下铁腕治污，一下子关停了 70 多家污染企业。坚持"既要金山银山，又要绿水青山""有污染的项目，就是出金子也不要"等理念，全面实施摩托车不准进城，公共场所、步行街禁烟，全市禁放烟花爆竹、禁烧麦秸等一系列创新举措。张家港因此获得了"国家卫生城市""全国环保模范城市"等殊荣。

　　教育历来是秦振华时刻牵挂在心头的大事。他提出创办一流的教育，发展一流的经济，建设一流的城市，三个"一流"置教育于首位，就是为了让港城娃绝不重复自己儿时家贫辍学的命运。秦振华在规划实施中小学新建和改、扩建实事工程时，力主将每一座校园建成地标性建筑。

　　秦振华从领导岗位退下来后，把宣传"张家港精神"、推动区域经济协作作为自己的"新战场"，到全国各地做了 310 多场报告。"人退志不退，位退心不退。"秦振华说，"我要继续宣讲好改革开放的新精神。"

谭双剑：不断进取的农民工

1996年，17岁的谭双剑离开家乡河北省馆陶县，带着一卷铺盖、80元钱外出打工。

那年，谭双剑独自先到上海打工，后来又辗转到北京工地上当小工。他暗自揣摩：如果能掌握一点技术，至少比当小工有前途啊！于是，他一边自学，一边在实践中摸索。1999年，谭双剑成功考取了行业认证的高级电工证书。

这年冬天，一家安装公司承接了国家气象局的一项弱电工程。工程开始后不久，配电柜安装发生故障，却怎么也解决不了。谭双剑听说后，带着他的电工队伍自告奋勇地赶到现场："让我试试吧。"他从源头排查起，顺藤摸瓜找到了故障所在，接着又连夜维修……20个小时后，终于排除故障，避免了数万元的误工损失。结算工资时，公司额外拿出2000元作为奖励，谭双剑却坚持只收下自己的那一份，多一分也不要。

为了进一步充实自己，谭双剑报了夜大学习班。两年多时间，谭双剑陆续拿到了建筑行业中的项目经理证、工长证、工程师证等证书。2002年，谭双剑组建了自己的施工队伍，专门承接电路电气工程。员工越来越多，工程也越接越大，现代城、东方广场、友谊医院、商务部、外交部等施工现场，都留下了谭双剑的身影，一些工程还得了优质奖。

2005年初，经过层层筛选，谭双剑率领他的团队开始奋战在"鸟巢"现场。每次到施工现场，谭双剑都先关掉手机，仔细"扫描"着现场的每一个细节。工程建设关键阶段，他每天忙得连洗头都顾不上。2009年3月，一部名为《暴雨将至》的电影在"鸟巢"开机拍摄，正是以谭双剑的奋斗历程为原型的。

谭双剑

2008 年以后，在建筑行业中名声越来越大的谭双剑带领团队承揽了更多的大型工程，包括北京房山首创奥特莱斯、中粮大悦城、北京友谊宾馆等。

作为新生代农民工代表，谭双剑致富不忘回馈社会。他带头捐资为家乡修路，向四川汶川、青海玉树等灾区捐款，资助贫困儿童……谭双剑热心公益，被中国国际慈善基金会授予"慈善中华行杰出形象大使"荣誉称号。

从 2010 年入党到如今当选党的十九大代表，谭双剑深感自豪，更感到一份沉甸甸的责任："我将加倍努力工作，把党的关怀和温暖传递给更多农民工兄弟。"

作为党的十九大代表，谭双剑分外激动："我们农民工遇到了好时代，虽然经历了数不清的挫折，但只要能吃苦、肯实干、怀揣梦想，就有成功的一天。"

项贵红：城市因你而美丽 🔍

她是每天迎接第一缕晨曦的人，三餐不定时，经常忙得忘记吃饭，累的时候只能在三轮车上小歇一会儿；她始终保持着满腔热情，以积极的态度去对待工作，努力地去扮靓我们的城市。她是一名普通的基层党员，也是一名朴素勤劳的城市美容师，她就是安徽合肥市的一位环卫工、党员班长——项贵红。

项贵红从 2009 年就开始了她的环卫生涯，身为共产党员的她,每天都将满腔的热情倾注到环卫工作中。每次出门前,她都会在镜子前把橙色制服穿戴得整整齐齐。在她眼里,这身橙色制服更象征着责任。

项贵红班组负责清扫的辖区是合肥市长江东大街、明光路中段、长江东路、滁州南路,都是比较重要的道路。她带领着自己的精英团队练出一身好技能。她的班组中各个成员都是从业几十年的"资深环卫人",长时间从事环卫行业,

项贵红(左)

早已练就了一双"火眼金睛"。在别人眼里车水马龙的景色,到了他们眼里,最先看到的往往是地上的果皮、塑料袋、烟头等,就连隐藏在绿化带里的垃圾也逃不出他们的火眼金睛。

"城市在提升,我们的工作质量也要改变。"这是项贵红经常对班组人员说的话,"不管是道路上的垃圾,还是人行道上的灰沙,我们都要将精细化保洁落到实处,不能放过任何一个死角。"

项贵红在从事环卫事业这些年里,从不叫苦叫累,始终走在为人民服务的最前沿。2019年1月,合肥市遭受暴雪袭击,当时道路积雪情况很严重,身为共产党员的项贵红勇于冲在第一线,为了尽快疏通道路,她连续奋战了好几天。

经过连续几天的高强度工作,她因突发肠梗阻被紧急送往医院做手术。手术做完后,医生嘱咐她休假两个月,可她出院后一个礼拜便上岗了。在各种身体状况都不是很好的情况下,她还是坚持工作,上至分管领导,下至班组环卫工人,都对她的工作态度给予了很高的评价和认可。她的身上体现出一名共产党员的优秀品质。

3. 重大工程　震撼世界

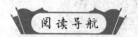

阅读导航

　　重大工程关系民生福祉,涉及民族盛衰。一系列举世瞩目的重大工程承载着光荣与梦想,彰显了中国力量。北斗组网、天眼探空、蛟龙探海,神舟飞天、嫦娥奔月,高铁奔驰、大桥跨海,航母下水、大飞机首飞,墨子"传信",超算"发威"、"悟空"发功,南水北调、西气东输……大至航母,小至基因,中国共产党带领人民以逢山开路、遇水架桥的奋斗精神创造了一个又一个震撼世界的奇迹。

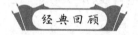

经典回顾

长江三峡工程:中国人的骄傲

　　长江三峡工程,中国版图上的一处崭新地标。

　　浩浩长江,巍巍三峡,工程铸就的是一个民族的伟大和骄傲,印证的是中国的强盛与辉煌。

　　防洪、发电、航运、补水,长江三峡工程综合效益的全面发挥和日益拓展体现出中国人民"治水""用水"理念和方法的日臻成熟。

　　2020 年 8 月 19 日,长江三峡水库迎来建库以来最大的72000 立方米每秒的入库洪峰流量。大坝 8 个泄洪深孔同时打开,水柱从深孔中喷涌而出,在坝下激起巨大的水雾。经过三峡水库的有效拦截,滔滔洪水平稳有序地泄入下游。

罕见洪峰来袭,三峡水库拦洪削峰 40％,有效减轻了中下游的防洪压力。

长江三峡水库泄洪

可以想见,如果没有三峡工程控制,荆江河段水位将接近保证水位,这意味着关系江汉平原、武汉和京广铁路安全的荆江大堤将十分危险,百万军民投入抗洪的场景将会再次出现,长江中下游将再次蒙受巨大的经济损失。所以从根本上说,三峡工程是治理长江水患关键性的工程,也是小康社会的基础性工程、和谐社会的标志性工程、科学发展的示范性工程。这座 300 多亿立方米的大型水库使中国拥有了最大的水资源储备库,充分提高了中国的水安全可靠度。

三峡机组堪称"巨无霸",尺寸、容量大,水头变幅宽,设计、制造难度居世界之最。一个螺丝有碗口那么粗,安装误差却要求比一根头发丝的直径还要小。为了保证一流质量,三峡公司制订、颁发的所有工程质量标准都高于国内行业规范,有的甚至超过国际标准。

2012 年 7 月 4 日,三峡电站最后一台机组正式并网发电。这意味着,经过十多年的安装、调试,三峡工程设计安装的机组全面完工并投产发电。

如今,以这座全国最大的水电站为基点,一个供电半径上千千米、纵贯 8 省 2 市的三峡输变电系统腾空而起,有效缓解了华中、华东和广东等地用电紧张的局面。作为"绿色再生清洁能源"

最后一台70万千瓦巨型机组交付投产

的三峡电力,每年可节约数千万吨燃煤,减少大量二氧化碳和二氧化硫等有害气体的排放。

随着三峡双线五级船闸的通航,响彻峡江的纤夫号子已被船队悠悠的汽笛声取代。三峡水库蓄水到达175米水位后,显著地改善了宜昌至重庆间的通航条件。不仅万吨级船队可直抵重庆港,航运成本也比兴建三峡工程前降低了1/3左右,交通事故发生率与蓄水前比下降了2/3。

便捷、经济、安全。川江通航能力提高,交通不再是瓶颈,西部地区资源优势将进一步转化为经济优势,长江"黄金水道"的魅力得到了更加充分的凸显。

青藏铁路:吉祥、幸福的"天路"

青藏铁路被誉为"天路",全长1956公里,是重要的进藏路线,也是世界上海拔最高、在冻土上路程最长的高原铁路,更是中国新世纪四大工程之一。2013年9月入选"全球百年工程",是世界铁路建设史上的一座丰碑。

青藏铁路分两期建成,一期工程东起青海省西宁市,西至格尔木市,于1958年开工建设,1984年5月建成通车;二期工程东起青海省格尔木市,西至西藏自治区拉萨市,于2001年6月29日开工,2006年7月1日全线通车。

青藏铁路格尔木至拉萨段全长1142公里,穿越海拔4000米以上地段 960 公里,最高点为海拔 5072 米的唐古拉山垭口,平均海拔 4500 米,穿越多年冻土地带 550 多公里。无论是海拔高度、高海拔地区总里程,还是冻土段里程,都位居世界第一。

青藏铁路

海拔 5068 米的唐古拉山车站是世界上海拔最高的铁路车站;海拔 4905 米的风火山隧道是世界上海拔最高的冻土隧道;位于可可西里国家级自然保护区、全长 11.7 公里的清水河特大桥是世界上建在高原冻土地段上的最长铁路桥,也是青藏铁路专门为藏羚羊等野生动物迁徙而建设的全线最长的"以桥带路"特大桥;海拔 4700 米的安多铺架基地是世界上海拔最高的铺架基地;海拔 3050 米的南山口铺架基地是亚洲最大的高原铺架基地……

在生态环保方面,青藏铁路建设全程监控:在全国工程建设中首次引入环保监理,首次与地方环保部门签订环境保护责任书,在铁路建设史上首次提出"创质量环保双优"的目标,首次大面积移植草皮,第一次为野生动物开辟迁徙通道……

唐古拉山车站

青藏铁路在关注建设者的生命健康方面也创造了许多新纪录。国家有关部门在中国工程建设史上第一次联合下文,对医疗卫生保障专门做出详细而具体的规定;在国内工程建设中首次投入近两亿元巨资,在全线建立三级医疗卫生保障体系。

此外,青藏铁路成为中国乃至世界上最大的冻土研究基地,科研投入超过 1 亿元。

"奋斗者"挺进深蓝

外观酷似一条绿色大头鱼的"奋斗者"号是国际上首次可以同时搭载 3 人下潜的万米载人潜水器。本领如此高超,要归功于它有着一颗强大的"中国心",在多个关键技术和重要材料领域拥有很高的国产化程度,核心部件国产化率超过 96.5%。

2020 年 10 月 10 日,"奋斗者"号从三亚崖州湾南山港码头启航,前往西太平洋马里亚纳海沟海域,实施万米深潜试验任务。此后,一路捷报频传:

"奋斗者"号正在下潜

10 月 27 日,下潜首次突破万米;11 月 10 日,创造了 10909 米的中国载人深潜新纪录;11 月 13 日,完成了世界上首次载人潜水器与着陆器在万米海底的联合作业,并进行了视频直播。11 月 28 日,"奋斗者"号全海深载人潜水器圆满完成万米深潜海试任务,顺利返回海南三亚。

"奋斗者"号陆续在马里亚纳海沟完成 13 次下潜,其中 8 次突破万米,创造了 10909 米的中国载人深潜新纪录,标志着我国在大深度载人深潜领域达到世界领先水平。不断刷新的数字背后,是抗压、控制、通信、浮力等多个关键领域的技术攻关,体现着我国自主研发深海装备技术的突破和进步。

跨海"长虹"：港珠澳大桥

港珠澳大桥是一座跨海大桥，连接香港大屿山、澳门半岛和广东省珠海市，全长 55 公里，其中海底隧道 6.7 公里，是中国乃至当今世界规模最大、标准最高、最具挑战性的跨海桥梁工程。

港珠澳大桥是世界建筑史上里程最长、投资最多、施工难度最大、里程最长的跨海大桥，被英国卫报评为"新的世界七大奇迹"之一。它把港珠澳三地的陆地通行从 4 个小时缩短到了 30 分钟；在大桥的建

港珠澳大桥

设过程中，科学家和工程师们创造了 400 多项新专利、其中 7 项为世界之最。

这座堪称交通工程界"珠穆朗玛峰"的港珠澳大桥，2018 年 1 月 1 日正式通车！大桥的通车，将会直接形成珠海—香港—澳门的半小时时空圈，在珠海居住，到澳门娱乐，去香港购物，将不再是梦想！

穿越沙漠最长的高速公路

京新高速全长 2582 公里，是亚洲投资最大的单体公路建设项目、"一带一路"标志性工程，也是世界上穿越沙漠最长的高速路。

全线穿越中国四大沙漠之一的巴丹吉林沙漠和戈壁滩,多次经过无人区,施工环境异常恶劣,是继青藏铁路之后又一具有典型艰苦地域特点的代表性工程。

高速公路穿过无人区

目前,中国高速公路总里程已经达到14.3万公里,位居世界第一。京新高速公路是国家高速公路网规划的第七条放射线,每年超过1万亿元铺就的中国公路网,向更远处延伸。鹤大高速,春天、秋天领略完全不同的风景;川藏公路北线,雀儿山隧道贯通,曾经连山鹰都飞不过的山峰,现在10分钟就能翻越……

南水北调　为民造福

南水北调工程

"一渠架南北,天河通水来。"南水北调工程地跨江苏、湖北、山东、河南、河北、北京、天津等多个省和直辖市,直接受益人口超过1亿。输水距离之长、受水范围之广、受水人口之多,南水北调工程筑就了人类治水史上的中国丰碑,展现出我国配置水资源的厚重能力,更凸显出集中力量办大事的制度优势。中国水资源总量虽然丰富,但分布不均,"北缺南丰"更是长期存在的客观情况。水资源格局决定着发展格局。作为解决我国北方水资源严重短缺的重大战略性基础设施,南水北调工程举足轻重。

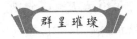

群星璀璨

孙家栋:让中国"北斗"星耀全球 🔍

　　孙家栋,从"东方红一号"到"嫦娥一号",从"风云气象卫星"到"北斗导航卫星",背后都有他主持负责的身影;翻开他的人生履历,如同阅读一部中国航天事业的发展史……获得过"两弹一星"功勋奖章、"国家最高科学技术奖"和"全国优秀共产党员""改革先锋"等称号的他,在中华人民共和国成立 70 周年之际又荣获"共和国勋章"。

　　2009 年,在孙家栋 80 岁生日时,钱学森专门致信祝贺。钱老在信中说:"自第一颗人造地球卫星首战告捷起,到绕月探测工程的圆满成功,您几十年来为中国航天的发展做出了突出贡献。共和国不会忘记,人民不会忘记。"

　　1994 年,国家批准北斗一号立项;同年 12 月,孙家栋被任命为北斗一号系统工程总设计师。自此,孙家栋带领北斗人逐步探索出具有中国特色的"三步走"发展战略:第一步,2000 年建成北斗一号系统(北斗

孙家栋

卫星导航试验系统),为中国用户提供服务;第二步,2012 年建成北斗二号系统,为亚太地区用户提供服务;第三步,2020 年建成

北斗全球系统,为全球用户提供服务。

2000年10月31日、12月21日,长征三号甲运载火箭分别将第一、第二颗北斗导航试验卫星送入地球同步轨道,建成了北斗一号系统。双星组成的北斗一号系统能全天候、全天时地提供卫星导航信息,且具备短报文通信能力。我国成为继美国、俄罗斯之后第三个拥有自主卫星导航系统的国家。

2004年3月,中国绕月工程正式启动,孙家栋被任命为绕月探测工程总设计师。75岁的孙家栋进入他一生中最忙碌的时期。一肩挑着"北斗",一肩压着"探月","星星"与"月亮"紧密相伴,常常上午开"北斗"会,下午又要研究"探月",孙家栋恨不得生出三头六臂。

2009年,北斗三号系统正式启动建设。北斗三号系统将建成拥有24颗中圆地球轨道卫星、3颗地球静止卫星和3颗倾斜地球同步轨道卫星,共30颗卫星组成的全球卫星导航系统。

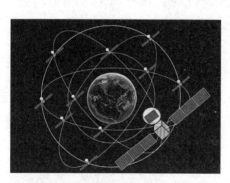

模拟图:中国北斗卫星导航系统

孙家栋特别强调,要坚持自主创新。"核心技术引进不来,买不到,唯有自主创新,大胆突破。"作为北斗系统工程的总设计师,孙家栋除了要为这项巨大的工程进行科学设计,还必须为整个工程确定一条底线——"核心技术自主可控",这也是北斗系统的"生命线"。孙家栋带领中国北斗人坚守着这条"生命线"。在一次大系统协调会上,孙家栋明确提出:"支持所有星载产品,必须百分之百国产化。"真正做到了"北斗星、中国芯"。

2020 年 6 月 23 日 9 时 43 分,西昌卫星发射中心,长征三号乙运载火箭成功将北斗三号系统最后一颗全球组网卫星发射上天。从 1994 年北斗一号系统立项伊始,30 万人接力奋斗了 26 年,梦想终于实现,北斗星耀全球。

回顾几十年的工作,孙家栋认为自己"仅仅是航天人中很平常的一个"。他经常说,是中国航天精神铸造了中国第一星,是中国航天事业的发展成就了自己。

我们有一个共同身份:共产党员　🔍

2000 年 12 月,38 岁的李金城成为举世瞩目的青藏铁路总设计师,也成了当时中国最年轻的长大铁路(长春至大连)总设计师之一。

这正是一年中最冷的季节,白天的气温达到零下 28 摄氏度。定测木桩打不下去,只好用道钉、钢钎加工成钢桩来代替,有时连着几个钢桩打下去,勘测队员的手就会被震裂,血糊糊的一片。为了保证按时开工,工程组同时集结了 2000 人的队伍,在全线1000 余公里范围内展开会战。

李金城从线路的选择、工程措施、站房的设计到新技术、新材料、新设备的选用,力求体现生态环保和节能的设计理念,把青藏铁路打造成了一条真正意义上的"数字化铁路"。结果,这样一条长达 1000 余公里的大干线只花费了 300 亿元人民币,平均造价仅相当于客运专线的一半甚至更少,这在世界上都是奇迹,完全得益于当时坚持了科学设计理念。

上高原,第一个困难就是严重的高原反应。青藏铁路格拉段的平均海拔近 4500 米,含氧量仅为地面的 50%。高原的低气压

李金城

还使人体产生了特殊的生理现象:有一名职工因为用力稍猛了点,竟致前臂的毛细血管爆裂,顿时针状的血柱就像喷泉一样从胳膊上射出来,整条胳膊一会儿就变成了紫黑色。只要稍微重点的磕碰,这个部位就会像变魔术一样,马上鼓起一个大包。高原反应带来的恶心、呕吐使吃饭成了一件很"痛苦"的事,但不吃饭体力更难保证。当时每支队伍的领导和共产党员就有了一个"特殊任务":带头吃饭。常常是吃了就吐,但吐完还得咬牙接着吃。

酷寒也考验着人的忍耐极限。在青藏高原,年平均气温在零度以下,冬天最低气温可到零下 45 摄氏度,即使是夏天,夜晚最低气温也在零下 10 摄氏度左右。李金城和队员们多数时间都住在工地的简易帐篷里,夜里即使戴着皮帽子、罩着睡袋睡觉,也要被冻醒好几次。每天醒来时,眉毛上总是挂着冰霜。

由于严寒,晚上露天作业的钻探队员们的手和脸上的皮肤变得极度脆弱,一碰就破。有一名职工在抓钻杆时忘了戴手套,结果在一瞬间手掌上的皮肤就被冻在了钻杆上,情急下一撕就掉了一大块。钻探工的钻杆一到冬天就特别危险,无缝钢管中有时存留有水,很容易被冻裂,冰会像子弹一样射出来。

恶劣的气候也威胁着李金城和同伴们的生命安全。青藏高原 8 级以上的大风平均每年要刮 70 多次,大风一刮起来就没完没了。有一次队里雇佣的一个民工去帐篷外上厕所,回来后就坚决要求辞工,追问再三,他才扭扭捏捏地说是因为"这个鬼地方,尿都尿不到地上"。有时半夜起狂风,职工们睡着睡着,帐篷的顶篷就会被风卷走。

高原的太阳,强烈的紫外线几乎能揭去人的脸皮,即使抹着厚厚的防晒霜,脸上照样会晒得脱掉几层皮,一个月下来,所有人都成了黑脸,有些皮肤敏感的小伙子鼻尖被晒得起了溃疡,终身留下难看的疤痕。"一天见四季,一里不同天",这是青藏高原的真实写照。

李金城第一次带队上高原是在 2000 年 9 月。也正是在那一次,他理解了青藏高原是"生命禁区"的含义。当时,他是青藏线的现场指挥长,团队担负了全线 80% 的勘测勘探工作量。其中最困难的一段就是位于海拔 4700 多米的安多县和海拔 5200 多米的唐古拉山之间的"无人区",全长 130 多公里,属于全

青藏铁路的建设者们

线平均海拔最高的地段。因为线路远离公路,勘测地段遍布沼泽,车辆无法进入,只能依靠人力。

李金城挑选了 20 几个身强力壮的小伙子,各自备了十几个面饼和六七瓶矿泉水,早上 5 点,一行人从唐古拉山兵站出发了。快进山的时候,下起了大雨,车开了十几公里就陷进了沼泽中,等他们想方设法把车推出来,已经是中午了。看着前面越来越密集的水坑,李金城决定徒步勘测。他和队友背着仪器向遍布沼泽的无人区腹地进军了。雨越下越大,大家的衣裤都被风雪浸透了。

到了天黑,气温下降到了零下十几度。寒冷、疲劳,黑暗中不辨方向,一些人已经快坚持不住了。李金城把大家召集到一起,提出了三点要求:第一,思想上绝对不能垮,要挺住;第二,间隔不要太远,要随时清点人数;第三,扔掉部分食品和水,尽量减轻辎重。到凌晨4点,工作终于完成了,李金城也累垮了。

李金城有心动过速和因缺钾导致的周期性麻痹症,这次突击已经使他的体能到了极限,在过最后一条小河时,他脚下一软,倒在了冰冷的河水里。他觉得自己可能不行了,就把大家召集过来,坐在水里向大家做最后的安排:"你们先把仪器放下来,我看着……你们争取尽快走出去,明天再来接我。"队友们却说:"把你留在这里,不冻死也要被狼吃掉,绝不能把你丢下。"队友们硬是跌跌撞撞地抬着他走出了无人区。

青藏铁路是成千上万名铁路人用自己的汗水、心血甚至生命完成的。青藏铁路一个来回2000多公里,从2000年至2005年,李金城就跑了100多趟,总里程20多万公里。上青藏线之前,李金城的体重是180斤,5年过去后降到了120斤。"我知道这是在透支生命,但这样的机会对于我,一辈子也许只有这一次,为了青藏铁路,就算是牺牲,我也认了。"李金城说。

李金城还说:"我们这些铁路人有一个共同的身份:共产党员!建设青藏铁路,对我们而言,不仅是一次人生挑战,更是一次战斗的洗礼。"

4."五位"一体　齐步发展

中国特色社会主义是全面发展的社会主义。站在新的历史方位,中国共产党对我国社会主义现代化建设做出新的战略部署:经济建设是根本,政治建设是保障,文化建设是灵魂,社会建设是条件,生态文明建设是基础,把我国建成为富强、民主、文明、和谐、美丽的社会主义现代化强国。

全球规模最大的新建机场通航

2019 年 9 月 25 日 16 时 20 分许,7 架大型客机依次从跑道上起飞,标志着北京大兴国际机场正式通航。

北京大兴国际机场位于北京市大兴区和河北省廊坊市广阳区之间,与天安门直线距离为 46 公里,是目前全球建设规模最大的新建机场。航站楼综合体建筑 140 万平方米,可停靠飞机的指廊展开长度超过 4000 米。机场规划四纵两横 6 条民用跑道,本期建设三纵一横 4 条跑道、268 个停机位。机场建成了"五纵两横"的交通网络,1 小时通达京津冀。

北京大兴国际机场工程建设难度世界少有,其航站楼是世界上最大的减隔震建筑,建设了世界最大单块混凝土板。初步统计,大兴国际机场已经创造了 40 余项国际、国内第一,技术专利

国航 CA9597 次航班从大兴机场起飞

103 项,新工法 65 项,国产化率达 98％以上。上千家施工单位参与,施工高峰期间 5 万余人同时作业,全过程保持了"安全生产零事故",全面实现廉洁工程目标。

北京大兴国际机场航站楼是世界首个实现高铁下穿的航站楼,双层出发车道为世界首创,有效保证了旅客进出机场效率。机场跑道在国内首次采用"全向型"布局,在航空器地面引导、低能见度条件运行等多方面运用世界领先航行新技术,确保了运行效率和品质。

未来,北京大兴国际机场与北京首都国际机场两场,年旅客吞吐量将突破 2.5 亿人次,北京将成为航空双枢纽城市。北京大兴国际机场还将服务北京和雄安新区建设,为京津冀协同发展提供新动力。

北京大兴国际机场努力将高质量的工程建设,转化为高水平的运行品质,全面打造全球空港运行管理的新标杆。

"嫦娥五号"回家啦!

2020 年 11 月 24 日凌晨,长征五号遥五运载火箭在中国文昌航天发射场点火升空,在破晓中划出一道金色弧线,成功将嫦娥五号月球探测器送入地月转移轨道。据介绍,嫦娥五号月球探测器是迄今为止我国研制的最为复杂的航天器系统,也是我国目前最重的月球探测器。

探月工程三期是我国探月工程重大科技专项"绕、落、回"三步走战略的最后一步,将实现月球采样返回。三期工程规划实施两次采样返回,在嫦娥五号任务之后,后续还有嫦娥六号任务。嫦娥五号任务是我国迄今为止最复杂、难度最大的航天任

长征火箭,准备升空!

务之一。嫦娥五号任务有望创造 5 个"中国首次":一是地外天体的采样与封装,二是地外天体的起飞,三是月球轨道交会对接,四是携带样品高速地球再入,五是样品的存储、分析和研究。

嫦娥五号月球探测器重达 8.2 吨,是我国目前发射的最重的月球探测器。作为我国探月三期工程采样返回任务的核心,由中国航天科技集团研制的嫦娥五号探测器是迄今为止我国研制的最为复杂的航天器系统,由轨道器、返回器、着陆器、上升器四器共包含 15 个分系统组成。

2020 年 12 月 17 日凌晨 1 时 59 分,嫦娥五号返回器在内蒙古四子王旗区域成功着陆。嫦娥五号返回器返回,不仅预示着我国首次月球采样返回任务圆满完成,同时还标志着中国航天的又一里程碑,我国探月工程"绕、落、回"三步走规划如期完成。

让我们一起欢呼:"嫦娥五号回家啦!"

全民阅读　书香社会

2014 年 4 月,国家新闻出版广电总局组织推荐的 996 户首届全国"书香之家"充分展现了基层群众的读书风采和我国各地区、各民族的优秀读书传统。其中,少年儿童、特殊群体、困难群体是推广阅读的重要目标。"少儿阅读是国民阅读的基础"已经成为全社会

的共识。书香伴成长的家庭亲子阅读推广活动受到了广泛欢迎。

　　阅读是人民群众最基本的文化权利,也是最为普遍、最为持久的文化需求。"开展全民阅读活动"已经成为党中央的一项重要部署,此后在《政府工作报告》和许多文件中,也多次对倡导和开展全民阅读活动、建设"书香"社会提出了明确要求。2016 年,有关部门根据国务院立法工作计划,起草了《全民阅读促进条例》(征求意见稿),并向社会公开征求意见。《全民阅读促进条例》共6 章 37 条,旨在用法律保障对全民阅读的服务,促进全民阅读。一系列举措,代表着"全民阅读"已经由原先的纯民间自愿行为上升为国家发展战略。

　　为了进一步增加书香氛围,保障每一个人的阅读权利,江苏、湖北、辽宁等省已将全民阅读纳入立法进程,江苏省还将每年 4月 23 日定为"江苏全民阅读日",这也是全国首个由省人大立法确定的地方阅读日。

据统计,全国目前已经有上万家绘本馆和民间少儿阅读推广机构参与。针对进城务工人员,国家新闻出版广电总局启动"书香中国 e 阅读"工程试点工作,通过政府购买公共文化服务的方式,由三大移动通信运营商手机阅读平台向北京、上海、广州、深圳等地 1000 万进城务工人员全年免费推送优质电子图书和期刊。针对残疾人等特殊群体,国家新闻出版广电总局与中国残联开展"文化助残公益行动",累计捐赠 5000 多万元的优秀出版物。河北省开展"我为盲童读经典"全民阅读志愿公益活动,积极帮助残疾人读书。

塞罕坝享誉天下

2017年12月,河北塞罕坝林场建设者荣获联合国环保最高奖项"地球卫士奖"。当年"地球卫士奖"全部6个奖项中,来自中国的机构与个人获得了3个奖项。

会场内,当中国的环保成就被一次又一次提及,现场响起了热烈的掌声、欢呼声。这是联合国和世界对中国绿色发展理念、中国生态文明建设和塞罕坝精神的高度肯定。来自全球各国的专家学者纷纷表示:"中国展现了环保领域的全球领导力。"

73岁的塞罕坝林场退休职工陈彦娴是林场第一批建设者中的一员,是前来领奖的3位林场代表之一。她说:"我代表三代塞罕坝人来领奖,激动的心情是无法用语言来描述的。在今天的中国,'绿水青山就是金山银山'这一重要理念家喻户晓,它通俗而深刻地讲清了人与自然的关系,而塞罕坝的故事印证的也正是这样一个绿色道理。还有许多像塞罕坝一样的绿色奇迹,正在让古老的中国更加生机盎然。"

1962年9月,369名平均年龄不到24岁的创业者肩负"为北京阻沙源、为京津涵水源"的神圣使命,从全国18个省(市)集结上坝,开始了艰苦卓绝的高寒沙地造林。

昔日塞罕坝

恶劣的生存环境是创业者要攻克的第一道难关。

今天塞罕坝

塞罕坝冬季漫长,年均积雪长达 7 个月,极端最低气温零下 43.3 摄氏度,加上偏远闭塞、物资匮乏,生活条件极其艰苦。考验,一个接着一个。由于缺乏在高寒地区造林的经验,头两年,人们满怀希望种下的 2000 多亩落叶松成活率还不到 8%。超出想象的困难和挫折一度冷冻了人们的笑声和激情。

党交给的任务还没有完成,坚决不能退缩和放弃!关键时刻,首任场领导班子成员带头把家从承德、北京等城市搬到了塞罕坝,以示决心。在他们的带领下,林场技术攻关组改进了“水土不服”的外国造林机械,改变了传统的遮阴育苗法,大大提高了造林成活率,让信心和希望在荒原上重新燃起。

就这样,他们克服了一个又一个困难,接续奋斗 55 年,终于创造了荒原变林海的人间奇迹,使得在自然状态下至少需要上百年才能修复的塞罕坝生态重现盎然生机。如今,林场造林面积达到了 112 万亩,成为世界上面积最大的人工林场,如果把这里的树按 1 米的株距排开,可以绕赤道 12 圈。

群星璀璨

张桂梅:大山深处的“老师妈妈” 🔍

63 岁的张桂梅坚守滇西深山教育事业数十年,2008 年创办了全国第一所全免费女子高中,迄今为止帮助 1800 多名贫困女孩圆梦大学,创造了大山里的“教育奇迹”,被学生、乡亲们亲切地称作"老师妈妈"。

因为工作关系,张桂梅经常会接触到一些农村贫困家庭和失学、失怙儿童。一次次深入大山的走访,让她意识到农村母亲们之所以普遍素质不高,是因为家庭贫困导致的教育缺失。要想从根源上帮助孩子们,就要解决农村女性的教育问题。2002年,她萌生了创办一所免费的女子高中的想法,专门招收贫困山区的女孩,让她们考上大学,走出大山,彻底阻断低素质女孩成为低素质母亲,从而培养出低素质下一代的恶性循环。

为了实现这个梦想,张桂梅走上了一条自己筹钱办学的道路,期间不被理解,甚至被嘲笑、挖苦。整整5年时间,她只筹集到1万元。正当她要放弃的时候,事情迎来了转机。2007年,张桂梅被选为十七大代表,去北京开会的时候,她穿着一件破了洞的裤子,这个破洞被一个记者发现了。不久后,一篇关于张桂梅的文章上报了,全国人民都踊跃捐款,她心心念念的学校也就办成了。2008年8月,全国第一所全免费女子高级中学建成。那一年的9月1日,96名贫困山区女孩走进了华坪县女子高级中学。阻断贫困和低素质的代际传递,成为华坪女高的第一个建学宗旨。

学校是办起来了,但很快,张桂梅就遇到了更大的困难:办学之初,因为女高条件异常艰苦、学生又是降分录取等原因,一年之内,办校之初的17名教师就有9名申请离开。正在张桂梅心灰意冷的时候,一份档案给了她坚持下去的动力。回忆当时的情景,张桂梅这样说道:"我们留下的8个老师中,6个是党员,难道还撑不起这么一个学校来?抗日战争年代只要有一个党员,只要有一个人在,阵地就在,我这块阵地绝对不丢。"

为了这群在初中时期成绩平平甚至是降分录取的农村女孩

能够尽快提高成绩,张桂梅对女高的作息时间进行了严格的管理。每天早晨5点多,她手持小喇叭逐间宿舍喊学生起床,从起床到出操,再到课间休息,直到熄灯睡觉,张桂梅的小喇叭一直回响在女高校园中。天道酬勤,张桂梅的付出得到了最令她欣慰的回报,截至2020年,华坪女子高中已连续10年高考综合上线率达100%,综合排名始终保持丽江市第一名,1804名山村女孩从这里考上大学,走出大山。

张桂梅和她的孩子们

为了这些,张桂梅付出了太多太多。她没有房子,没有财产,十几年来一直住在学生宿舍。63岁的她身患20多种疾病,每天早上起床,脚疼得不敢着地,但她仍咬牙坚持。终日的劳苦奔波使张桂梅的身体每况愈下,肿瘤、肺纤维化、小脑萎缩等疾病缠身,这些病经常以不同的方式折磨着她。

2018年高考前夕,张桂梅在学校里晕倒了,可谁也没有想到,她醒来后说的第一句话,是对来看望她的县领导说:"请你帮我个忙,能不能把我的丧葬费提前预支给我,我走了以后就火化了扔金沙江里,这些钱要都用在孩子们的身上,我才放心……"她总说:"我可能活不了几年了,在我活着的时候,我一定要看到她们走出去……"

但是,仅仅走出去还远不是张桂梅的终极目的,她一直在思考的是:我们要培养的到底是什么样的人?在女高的一年又一年里,张桂梅的脚步变慢了,嗓门变小了,疾病变多了,但她的目标更清晰了,她的立场更坚定了:从大山飞出去的那一刻,就要牢记身上肩负的使命,为家乡、为社会、为国家、为民族做贡献!

我生来就是高山而非溪流,我欲于群峰之巅俯视平庸的沟壑。我生来就是人杰而非草芥,我站在伟人之肩藐视卑微的懦夫。

——云南华坪女子高中誓词

张桂梅传递给她的学生的,绝不是简简单单的一纸文凭。而是一种力量,自刚、自强的力量。她是新时期坚持在基层工作者的楷模。她像一颗火种,照亮了山区女孩的人生;她像一位勇士,手握利刃,斩断了贫困的代际传递!

“如果说我有追求,那就是我的事业;如果说我有期盼,那就是我的学生;如果说我有动力,那就是党和人民……”张桂梅说。

如今,体弱多病的张桂梅并没有停下脚步,她仍然每天早晨5点起床,拿着小喇叭喊着:孩子们,起床……

2020年,中共中央授予张桂梅“全国优秀共产党员”称号;中宣部授予张桂梅“时代楷模”称号。

张定宇:与时间赛跑

在“疫情的风暴之眼”,他拖着不治之症“渐冻”的身体,踩着高低不平的脚步,与病毒鏖战、与死神较量、与时间赛跑,带领医院干部、职工救治2800余名患者,以实际行动诠释了“人民至上、生命至上”的理念。他就是“人民英雄”国家荣誉称号获得者——湖北省卫健委副主任、武汉市金银潭医院院长张定宇。

在抗击新冠肺炎疫情中,武汉市金银潭医院被称为“离炮火最近

张定宇

的战场"。2019 年 12 月 29 日,随着首批不明原因肺炎患者转入金银潭医院,这家老武汉人都未必熟悉的传染病专科医院成为全民抗疫之战最早打响的地方,承担着大量重症及危重症患者的救治工作。

金银潭医院每日灯火通明,彻夜忙碌,无人退缩。医护人员对生命的责任感超越了对未知的恐惧。在各方支援到来前,张定宇和同事在一线撑了近一个月,除了诊疗,他们还要照顾病人的生活起居,清理医疗垃圾。张定宇一心扑在救治工作上。早上 7 点半,往往换班的医护人员还没到,张定宇就已经到了。收病人、转病人、管病人,按道理有些事他可以不管,但他都会到现场亲自过问。

"搞快点! 搞快点!"在医院楼道里、病房里,大家常常听到张定宇的大嗓门儿。可伴随着嗓门儿越来越大,他的脚步却越来越迟缓,跛行越来越严重。曾经,张定宇因为担心影响医护人员的工作和情绪而说是"自己膝关节不好",可面对一遍遍追问,他终于承认:"我得了渐冻症。"渐冻症是一种罕见的病症,慢慢会进展为全身肌肉萎缩和吞咽困难,直至呼吸衰竭。自己的身体状况,张定宇比谁都清楚,他在汽车后备厢里放了一根登山杖。最忙碌的那段时间,夜里回家的最后一段路,张定宇都要从后备厢里取出登山杖,这个时候,他不得不慢下来。

"我很幸运,自己的病情发展得不是那么快,所以我更加珍惜这份眷顾,尽可能多做一些工作,而我的工作就是救人。"回忆那段最艰难的日子,张定宇感慨道。但对家人,他觉得亏欠太多,就连妻子感染新冠肺炎住院,他也没能顾及。想到妻子可能会逐渐转化成重症、危重症,最后拉都拉不回来,他的眼泪就忍不住往下淌,可即便有再多牵挂,张定宇还是选择在抗疫前线坚守。唯一一次去医院陪妻子,是在她入院3天后。那晚11点多,张定宇跑去十多公里外的另一家医院探望妻子。妻子看到他很疲惫,就催着他赶快回去休息,他陪了不到半个小时⋯⋯

翻看张定宇的履历:在疫情面前,他做出的每一个选择都绝非偶然。从医30余年,每一次在患者和自己之间做选择,他都以患者为先。他曾随中国医疗队出征,援助阿尔及利亚;2011年除夕,作为湖北第一位“无国界医生”,他出现在巴基斯坦西北的蒂默加拉医院;2008年5月14日,四川汶川地震后,他带领湖北省第三医疗队出现在重灾区什邡市⋯⋯以“渐冻”之躯,张定宇硬是与疫魔拼出了惊心动魄的“中国速度”。

致敬人民英雄、生命的卫士。张定宇,是我们这个时代最可爱的人!

四、举旗逐梦　奔向强国

　　在 2020 年全面建成小康社会、实现第一个百年奋斗目标的基础上,中国共产党带领各族人民再奋斗 15 年,到 2035 年,基本实现社会主义现代化;从 2035 年到 21 世纪中叶,在基本实现现代化的基础上再奋斗 15 年,把我国建成为富强、民主、文明、和谐、美丽的社会主义现代化强国。

　　中国共产党一定永远与人民同呼吸、共命运、心连心,永远把人民对美好生活的向往作为奋斗目标,以永不懈怠和一往无前的精神姿态,继续高举中国特色社会主义伟大旗帜,朝着实现中华民族伟大复兴的宏伟目标奋勇前进!

历史足迹

1. 2012 年 11 月 8 日,中国共产党第十八次全国代表大会在北京召开,习近平当选为中共中央委员会总书记。

2. 2012 年 11 月 29 日,在国家博物馆参观《复兴之路》展览时,习近平总书记首次提出"中国梦"。

3. 2013 年 3 月,第十二届全国人民代表大会第一次会议在人民大会堂举行第四次全体会议,习近平当选为新一届中华人民共和国主席。

4. 为纪念中国人民抗日战争暨世界反法西斯战争胜利 70 周年,中华人民共和国政府于 2015 年 9 月 3 日在北京天安门举办抗战胜利日阅兵活动。

5. 2016 年 7 月,习近平总书记在庆祝中国共产党成立 95 周年大会的讲话中提出"不忘初心,继续前进"的理念。

6. 2017 年 5 月 14 日至 15 日,北京举行第一届"一带一路"国际合作高峰论坛。

7. 2017 年 10 月 18 日至 10 月 24 日,中国共产党第十九次全国代表大会在北京召开,习近平当选为中共中央委员会总书记。

8. 2018 年 3 月 11 日下午,第十三届全国人大第一次会议举行第三次全体会议,以无记名投票方式表决通过了中华人民共和国宪法修正案。

9. 2018 年 3 月 17 日,第十三届全国人大第一次会议在北京人民大会堂举行第五次全体会议。习近平全票当选为国家主席、中央军委主席。

10. 2018 年 12 月 18 日,庆祝改革开放 40 周年大会在北京隆重举行。

11. 2019 年 10 月 1 日,北京举行庆祝中华人民共和国成立 70 周年盛大阅兵式。

12. 2020 年,我国实现农村贫困人口全部脱贫,贫困县全部摘帽,历史性地消除绝对贫困。

13. 2020 年,我国全面建成小康社会,实现了第一个百年奋斗目标,这是我国具有里程碑意义的一年。

1. 让人民生活更加美好

中国特色社会主义进入了新时代,我国社会主要矛盾已经转化为人民日益增长的美好生活需要和不平衡不充分的发展之间的矛盾。

我们的人民热爱生活,期盼有更好的教育、更稳定的工作、更满意的收入、更可靠的社会保障、更高水平的医疗卫生服务、更舒适的居住条件、更优美的环境,期盼孩子们能成长得更好、工作得更好、生活得更好。人民对美好生活的向往,就是中国共产党的奋斗目标。

"央企姓党" 造福人民

我国国有企业分为中央企业(由中央政府监督管理的国有企业)和地方企业(由地方政府监督管理的国有企业)。中央企业作为中国国有企业,长期以来是中国国民经济的重要支柱。

我国中央企业牢记"央企姓党"这一根本属性,做到政治上绝对可靠、思想上绝对忠诚、行动上绝对紧跟,保证党的路线、方针、政策在央企中得到贯彻和执行。

目前我国经济实力大增,一大批重大工程惊艳世界。这些成就的取得都离不开央企的奋斗与创新。

长江疏浚

长江疏浚是一项世纪工程。国家投资 150 多亿元,建成中国水运史上最大、世界罕见的复杂河口治理工程——长江口深水航道治理工程。历经 40 年论证,12 年总共 3 期工程,2010 年 3 月 14 日,终于打通了长江口的"拦门沙",实现了 12.5 米深水航道贯通,第五、六代集装箱船和 10 万吨级满载散货船及 20 万吨级减载散货船都可以乘潮通过长江口。2010 年底,12.5 米深水航道延伸至江苏太仓,而后上溯抵达南京,长三角正式跨入了"大船大港时代"。

中国交通建设集团有限公司(简称"中国交建")完成了这项工程,所形成的"长江口深水航道治理工程成套技术"荣获国家科技进步一等奖。中国交建创新成果还迅速应用到上海洋山深水港、黄骅港外航道、杭州湾大桥等一批国家重

长江口深水航道治理工程

点工程建设中。通过科技创新,中国交建掌握了国际领先的大型深水航道建设成套技术,实现了重大技术突破,推动了航道建设与疏浚产业不断发展。

深水建港

上海洋山港总投资 700 亿元以上,规划总面积超过 25 平方公里,设计年吞吐量超过 1300 万集装箱。建设期从 2002 年至

2020 年, 建成后为世界最大的自动集装箱码头。

上海洋山港

中国交建是上海洋山深水港建设的主要力量, 提供了洋山港码头勘察设计、吹填造地、航道疏浚、码头及配套设施施工、港机设备制造和安装的全产业链服务。

中国交建旗下振华重工的岸边集装箱起重机占全球市场份额 80% 以上, 遍布全球 98 个国家和地区的 200 多座港口码头连续 19 年保持全球第一, 其中包括"一带一路"沿线的 52 个国家和地区。平均每隔一天半, 就有一台岸桥从振华重工上海长兴岛生产基地发往世界各地。带有 ZPMC 标识的岸桥如钢铁巨臂一般, 矗立在世界各大港口的码头上, 支撑并见证着全球货物贸易的发展。

献身海洋

中国海洋石油总公司为适应发展深水油气的需要, 加强了深水装备及技术能力建设, 经过 6 年多精心研究、设计和建造, 我国首次自主设计建造的第六代 3000 米深水半潜式钻井平台"海洋石油 981"正式建成。

"海洋石油 981"最大作业水深 3000 米, 钻井深度可达 10000 米, 代表了当今世界海洋石油钻井平台技术的最高水平, 填补了我国在深水钻井平台设备设计建造方面的空白。

水是生命之源。在人均水资源仅为世界平均水平 1/4 的我国, 海水淡化是缓解水资源短缺的重要路径。作为我国最早介入海水淡化领域的公司之一，中国国投开发投资公司以天津津能发电有限公司项目为突破口，深入开展自主创新，使我国逐步摆脱了关键技术受制于人的局面。目前，北疆一期工程淡化水规模已达每天 20 万吨，占全国淡化水总量的 1/5。

"海洋石油 981"钻井平台

在中国南海，一项技术的突破性创新再次改写了能源格局。2017 年 7 月 9 日下午，位于我国南海北部神狐海域的天然气水合物（俗称"可燃冰"）试采现场正式关井。中国石油天然气股份有限公司积极参与了可燃冰开采实验项目，并承担了该项目的工程设计、试采作业及施工作业，累计

中国可燃冰开采

参与采气超过 30 万方，取得持续采气时间最长、采量最大、气流稳定、环境安全等多项重大突破，且创造了采气时间和采气总量两项世界纪录。

港珠澳大桥这项"世界工程奇迹"是在 50 米海底、数万吨水压下，由 33 根长 180 米、重 7.4 万吨巨龙般的沉管组成的海底隧道，与东西两座海上人工岛沟通起这个世界最大的跨海集群工

程。中国交建通过自主创新世界领先的沉管隧道技术，使得被誉为"超级工程"的港珠澳大桥变成现实。

鞍钢腾飞

管线钢是中国鞍钢集团的一项明星产品。在西气东输、陕京二线、川气东送、中俄原油管道工程（一线、二线）等国家重点工程中都活跃着鞍钢管线钢的身影。从陆地深入海底，鞍钢针对海底环境复杂、压力大，管线受波涛浪涌影响较大的特殊环境，按照业主要求，实现供货的钢板最大宽幅需达到 3724 毫米。这是目前为止亚洲海底管线工程供货中最大宽幅的管线钢板。

2017 年 6 月，鞍钢管线钢化身"蛟龙"深探南海，使亚洲最大管径海底输油管线一次投用成功。这是鞍钢集团公司支撑中国海洋强国战略的又一重大战果。

人民电业为人民

从"村村通电"到"户户通电"，再到"村村通动力电"；从农村电网改造到城乡用电同价，再到工商业用电同价；从"一个不少"到"一个不差"，从"用上电"到"用好电"，从"有没有"到"好不好"，中国国家电网有限公司将"人民电业为人民"这一理念内化于心、外成于行，以实际行动为国尽责、为民服务。

新疆昌吉回族自治州玛纳斯县地处新疆腹地，共有 12 个乡镇，127 个行政村，6.16 万家用户，110 公里供电最远距离，4139.7 平方公里用电覆盖面积。在这方圆 4139.7 公里的区域，无论是走家串户，还是翻越山区，无论是烈日炎炎，还是冰天雪地、风里雨里，国家电网电力工作人员一直在这里坚守岗位。

翻越山区　恢复供电

2018 年春节前夕,国家电网玛纳斯县供电公司配电运检班接到来自清水河供电所的紧急电话——10 千伏清牧线肯斯瓦特支干线断线。班长陈钧迅速带领班组人员赶往现场抢修。据了解,在电力工作人员雪后线路巡视中,发现干

国网玛纳斯县供电公司
加快配电网升级改造

线 087 号杆至 089 号杆断线。由于西伯利亚冷空气的进入,玛纳斯县多处地区的温度明显下降,其中清水河乡受影响尤为严重,该支干线因为张力过大导致线路断线。

由于山区积雪太厚,车辆无法到达现场,运检班成员徒步行至现场进行勘察,确认断线位置,填写紧急事故抢修单,告知安全注意事项,做好安全措施,并由经验丰富的老师傅指挥做好杆体防滑措施。工作人员将受损与断开的部分用新导线代替,原导线与新导线迅速拧成一股,排除了线路故障,恢复供电。

这次抢修历时 1 小时 30 分钟。陈钧说:“不论路有多远、雪有多厚,第一时间为客户恢复供电,就是我们的使命。哪里有故障,哪里就有电力工人的脚印。”

站好每一天岗

2018 年 1 月 1 日起,按照政府文件,电采暖客户可以选择输配电价。玛纳斯县供电公司及时更换辖区内计量表计,宣传相关政

中国电网　世界领先

策,让客户用上"明白电"。

在更换电表时,客户说:"按照现电价执行时段调整,一年电费比烧煤价格要经济实惠。"还有客户说:"这么冷的天,你们不但及时给我们更换电表,还及时将调整政策给我们现场宣传,真是太感谢你们了,给你们点赞!"

党员服务　助老送暖

春节将至,玛纳斯公司党员服务队和青年志愿者服务队走进民政福利院,为老人们带去了水饺、汤圆,现场为十几位老人表演才艺,合唱《生日快乐》歌,亲手给老人喂蛋糕,与老人们亲切地唠家常、合影拍照、询问老人的身体状况等,现场一片欢声笑语,其乐融融。

幸福就在青山绿水间

青海省果洛藏族自治州班玛县美丽得像一幅画卷,延展在青山绿水之间。

近年来,全县党员、干部、群众全力以赴推进"高原绿""班玛蓝""河湖清"等建设行动,累计完成人工造林 6713 公顷,封山育林 3333 公顷,实施以省道、县道和农村道路为主的通道绿化 75 公里,森林覆盖率提高 31.9%,森林绿化率达到 64%。

从荒废的荒山到绿树成荫的西山;从春秋季"尘满面"的昔日,到空气质量优良率、空气质量综合指数位不断提升;从植被缺少到荣获省级森林城镇称号……一个又一个新举措得以实施,一项又一项标志性成果展现出班玛走绿色发展之路的雄心、决心和信心！

如今，漫步在大街小巷，绿树成荫的道路为行人带来丝丝清凉，绿植环绕的"长征公园"成为人们纳凉休闲的好地方。水清天蓝

美丽班玛

景色新，曾经的希望变成了今天的风景。生活在班玛的人们已经享受到了生态文明的福利。

钟南山：人的生命是第一宝贵的　🔍

钟南山，我国呼吸疾病研究领域的领军人物，敢医敢言，勇于担当，他提出的疫情防控策略和防治措施挽救了无数生命，在非典型肺炎、新冠肺炎疫情防控中做出了巨大贡献。

压力，来自病人生命

2019 年 12 月，湖北武汉，医院连着接诊了多个患者，他们的病症都差不多：起初是发热、干咳、乏力，随着病情加重，又出现呼吸困难。狡猾的病毒已经在这个有着千万人口的大城市里迅速蔓延。

2020 年 1 月 7 日，中国疾控中心成功分离首株新冠病毒毒株；1 月 9 日，国家卫生健康委专家评估组发布病原体，初步判断为新型冠状病毒……

在这个看不见硝烟的战场上，中国一批病毒病原学、传染病

防控、临床感染科专家在"迷雾"中跋涉探索。

钟南山与其他成员一同被国家卫健委紧急召集起来,组成国家医疗与防控高级别专家组,与前期派驻前方的工作组共同研判疫情形势,为中央提供决策参考。

2020年1月18日傍晚。正值春运,广州前往武汉的高铁票早已售罄。费了一番周折,钟南山拿着"无座"票,匆匆踏上从广州开往武汉的G1022次列车。

一头华发,面色凝重,临危受命的老院士闭目倚靠在高铁餐车座椅上,满面倦容:此次疫情与非典既相似又有所不同,新型病毒到底有多危险,眼下还没人知道。

钟南山

1月19日,钟南山行程相当紧张:上午参加疫情研讨会后立刻前往武汉金银潭医院和武汉疾控中心进行实地调研。中午来不及休息,下午开会到5点,又登上飞往北京的航班。到达北京后,一行人马上赶往国家卫健委开会,回到酒店,凌晨2点来钟才休息。

去武汉金银潭医院、疾控中心实地调查的一天里,钟南山对于每一个细节、每一个疑点都不放过,他不停地追问:"昨天确诊了几例,前天呢?""病症什么样? 是怎么救治的? 究竟还有没有更多病例?""到底有没有医务人员被感染?"……

他和同行专家越来越确信,这是一个虽沉重但却无法回避的结论:新冠病毒有人传人现象! 这是急性传染病的大分界!

说话简洁，但石破天惊

"春节人口流动是很重要的一个因素,我们专家组的建议是,希望现在能不到武汉去就不去,武汉人能不出来就不出来。"

当晚,钟南山通过电视直播向公众发出紧急呼吁,再次确认新冠病毒存在"人传人"现象。呼吁如一记警钟,使全社会对新冠肺炎疫情的认知迅速发生变化。

钟南山忙碌得甚至没有喘息的时间。他奔走在武汉、北京、广州三地之间,除夕之夜也不得歇息。他懂得,理性认识疫情,科学做好防治,才是战"疫"制胜之道。"抓住两个要害:早发现、早隔离,这是疫情预防和控制最有效的办法。"他这样主张。

"武汉减少输出,要对火车站、机场等口岸实行严格的检测措施,首先是测体温。"他这样建议。"目前没有特效药,戴口罩很重要。"他反复提示。

1月29日下午,钟南山与支援武汉的广东医疗队专家一起对5个危重症患者进行远程视频会诊,用了6小时18分钟。

他出席讲座及各种疫情指导活动,30多个小时没合过眼!他与团队先后进行24场国际远程连线,与来自13个国家的科研临床专家进行探讨分析,为全球抗击新冠肺炎疫情提供建议。

医生不能轻言放弃

2020年2月初,一位62岁的新冠肺炎患者刘先生被转运到广州医科大学附属第一医院重症医学科,当时患者病情已恶化,发展为急性呼吸窘迫综合征。2月9日,救治团队决定执行体外膜肺氧合(ECMO)辅助支持。

在钟南山的亲自指导下,医院重症医学科团队投入人力、物力,全力救治。经历了"止血与防血栓"的救治拉锯战后,患者刘先生终于在 8 月 27 日康复出院! 使用 ECMO 辅助支持长达 111 天的他因此成为目前全球成功救治的危重症新冠肺炎患者中使用 ECMO 辅助支持时间最长的一例。

钟南山在指导工作

"看起来必死无疑的患者,我们还是一样抢救回来了。"钟南山感慨万千。

拥有院士的专业、战士的勇猛和职业的担当,钟南山赢得了人们发自内心的赞誉。2020 年 8 月 11 日,钟南山院士被授予"共和国勋章"。

如今,80 多岁的钟南山院士依然坚持请战:继续在呼吸系统疾病和突发性公共卫生事件防控上不负重托,为人民贡献力量。

王有德:生命不息　治沙不止 🔍

从空中俯瞰宁夏毛乌素沙漠,是一幅震撼人心的画面:一面是连绵起伏的穷荒沙漠,另一面是一道东西长 47 公里、南北宽 38 公里的"绿色长城"。这道长城犹如一只绿色的手臂,紧紧勒住了毛乌素沙漠向西侵蚀的脚步,让沙漠后退 20 公里。这是世界治沙史上的奇迹,也是王有德带领白芨滩林场职工毕生奋战的成果。

王有德,回族,共产党员。18 岁那年,王有德和当地 20 多个村民伴着风沙离开了家乡。1985 年,当王有德调任白芨滩防沙林场副场长时,望着茫茫沙漠,这个西北汉子立誓,要与沙漠抗争到底!

王有德开始带领职工在流动沙丘上固沙造林。白天,他顶着沙漠里 50 多摄氏度的高温和大家一起推沙平田,挖坑种树。晚上,他们就在沙窝中搭建的帐篷里点着蜡烛找问题、想法子。每年冬天,林场只有 7—10 天时间可以给树苗灌冬水。每逢这个时候,王有德就和全场

王有德

职工日夜吃住在水渠边。有一年冬天,到了给树苗灌冬水的日子,水渠突然决堤,几千亩树苗即将面临灭顶之灾。王有德抱着麦草捆,纵身跳进结着冰碴的水中。"在场的工人当时都特别感动,看着场领导奋不顾身跳进水里,工人们也跟着跳进水里堵决口。"职工回忆道。奋战了整整一夜,终于堵住了决口,王有德却因此患上了严重的关节炎。

治沙植树是苦活儿,王有德总是身先士卒带头干。1986 年 7 月,在北沙窝地区 500 亩流动沙丘带开发果园时,离家仅 3 公里的王有德始终与职工住在 4 顶帐篷内,50 多天没有回家。三伏天,沙漠温度高达 60 摄氏度,赤手光脚背着水泥板砌渠,每一步都像走在火炉上,可职工背一块板,王有德就背两块板,脊背被水泥板磨烂,脚板被水泥和沙子烫出了大大小小的水泡。

治沙的人说,养个娃娃容易,在沙漠里种棵树难。千辛万苦栽好的树苗,常常一夜之间就被风沙埋葬。王有德和职工哭过鼻子流过泪,但活儿还要干,树还要栽。他给场里立下"铁规矩":拉来的树苗不许过夜,如果晚上树苗进场,就连夜栽好。一次次,他用那双长满老茧的手刨开沙土,看苗根扎好了没有。长年累月,他的指甲缝里钻满了抠不出、洗不净的陈年旧土,身上是抖不尽

的沙子。

风沙吹不老心中信念,汗水浇灌出沙漠绿洲。千万次的坚持和重复,终于铺出了漫无边际的绿毯,牢牢罩住了滚滚流沙。昔日风沙肆虐的沙地,如今已是物种丰富、生态优良的国家级自然保护区。

"与沙漠较量了一辈子,吃尽了苦头,但我觉得非常值得、非常骄傲。你看咱宁夏这些年,风沙少了,空气湿润了,天蓝地绿的生态美景正在变成宁夏的新名片。"王有德这样说。

通过对白芨滩林场这么多年的改革创新,王有德研究出一个经验,就是要把治沙当作自己的事情来做,要职工们把沙地当作自己的口粮田、聚宝盆来对待,就没有完不成的治沙任务。在王有德的带动下,白芨滩林场职工不再局限于一年只在春季造林,而是随时随地抢墒造林、一年四季科学护林,栽一片成活一片。不仅王有德,白芨滩林场职工都练就了点沙成林的"绿手指"。

2014 年,王有德光荣退休,但他成立了一个非营利性的社会组织——宁夏沙漠绿化与沙产业发展基金会,在银川河东机场东侧的马鞍山荒滩上承包了 1 万亩沙地继续治沙造林,继续奋战在防沙治沙一线。

王有德的精神感染、激励着白芨滩人,更鼓舞着宁夏的林业人、治沙人不懈努力。如今,宁夏沙化土地由 1958 年的 2475 万亩减少到 1686 万亩,荒漠化土地由 1999 年的 4811 万亩减少到 4184 万亩,连续 20 年实现沙化、荒漠化土地"双缩减",率先在全国实现沙漠化逆转。宁夏创造的防沙治沙经验被当作"中国经验"在世界防沙治沙领域宣传、推广。

2018 年 12 月 18 日,在庆祝改革开放 40 周年大会上,王有德被称为科学治沙的探路人,成为宁夏唯一一个在人民大会堂接过"改革先锋奖章"的人。

2. 扎实迈向"十四五"

"十四五"(2021—2025 年)时期,是我国全面建成小康社会、实现第一个百年奋斗目标之后,乘势而上开启全面建设社会主义现代化国家新征程、向第二个百年奋斗目标进军的第一个五年。

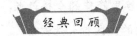

从桥梁,看发展

桥梁缩短了人和车辆跨越河流、山谷和海洋等天堑的距离,给人以便利,是国家实力、科技水平的一种象征。我国已成为世界第一桥梁大国,创造出多项世界桥梁新纪录。

★**丹昆特大桥**　位于京沪高铁江苏段,起自丹阳,途经常州、无锡、苏州,终到昆山。全长 164.851 公里,总投资 300 亿,因处于经济发达地区,路网纵横,需跨越各类型等级道路 180 余条,2011 年 6 月 30 日通

丹昆特大桥

车,为目前吉尼斯世界纪录所记载的世界第一长桥。

四渡河大桥

★**四渡河大桥**　地处湖北宜昌与恩施交界处,位于湖北省巴东县野三关镇四渡河,是沪渝高速公路控制性桥梁工程,大桥主跨为900米,桥面宽24.5米;大桥恩施岸索塔高118.2米,宜昌岸索塔高113.6米,塔顶至峡谷谷底高差达650米,桥面距谷底560米,相当于200层楼高,是目前国内在深山峡谷里修建的全桥最长悬索桥,同时也是世界首座跨度达900米以上的山区特大悬索桥。

北盘江大桥

★**北盘江大桥**　长468.20米,高280米。位于云贵高原中部北盘江大峡谷上,山高路险,交通不便,地质地形复杂,施工环境极为恶劣。系贵州水柏铁路线上一座结构新颖复杂、技术要求高、施工难度大的单线铁路桥。

大桥于2000年12月24日成功转体,顺利完工,于2001年11月建成通车。桥面与江面高差为280米,是我国首次将钢管混凝土拱用于铁路的桥梁,也是当时年世界上最大跨度、最大单铰转体重量的铁路钢管混凝土拱桥。

★**苏通大桥**　位于江苏省境内,是国家高速沈阳—海口高速公路跨越长江的重要枢纽。苏通大桥于2003年6月开工至2008年6月30日建成通车。全长32.4千米,其中跨江部分长8146

米,桥面为双向 6 车道高速公路,设计速度 100 千米每小时,是当时中国建桥史上工程规模最大、综合建设条件最复杂的特大型桥梁工程。

苏通大桥

★北盘江第一桥 位于泥猪河之上,为杭瑞高速公路的组成部分。全长 1341.4 米;桥面至江面距离 565.4 米;采用双向 4 车道高速公路标准,设计速度 80 千米每小时;工程项目总投资 10.28 亿元。于 2013 年

北盘江第一桥

动工建设至 2016 年 12 月 29 日建成通车。北盘江第一桥因其相对高度超过四渡河特大桥,刷新世界第一高桥记录而闻名中外。

从"北大荒",到"北大仓"

位于祖国最东端的黑龙江省佳木斯市,经过几代建设者的拼搏奉献,由人烟稀少的"北大荒",变成了如今沃野千里的"北大仓"。

佳木斯是一座具有红色基因的城市,是东北抗日联军的诞生地和主战场。抗战结束后,佳木斯建立了红色政权,被誉为"东北小延安"。

佳木斯是一座勇于创新创业的城市。中华人民共和国成立后,佳木斯人民以十足的革命干劲儿建设老工业基地,曾建设了

当时亚洲最大造纸厂、全国最大收割机厂等大批优秀企业,创造了第一台防爆电机、第一台掘进机等中国工业史上的多个第一。作为北大荒核心区,佳木斯还是当时东北农垦总局和黑龙江生产建设兵团司令部所在地,10万复转官兵和百万知青用青春和热血铸就了美丽富饶的黑土地。

今日"北大仓"

从20世纪五六十年代大批建设者开垦的北大荒,到今天拥有3000万亩良田的农业大市,勤劳的佳木斯人民唤醒了沉睡万载的黑土地。

近年来,佳木斯市深入实施乡村振兴战略,开创了农业发展、农村繁荣、农民增收的崭新局面。至今,佳木斯粮食生产实现了"十五连丰",年产量稳定在250亿斤以上,商品率在90%以上,按每人每天一斤粮计算,足以确保全国14亿人民18天的口粮。佳木斯已成为国家粮食主产区和优质商品粮基地,为黑龙江省成为国家粮食安全"压舱石"做出了积极贡献。

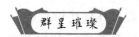

群星璀璨

周永开:共产党员不能退休

"共产党员只能退职,不能退休。"这是曾任四川省达县地委副书记、纪委书记的周永开常挂在嘴边的一句话。

"因为田坎跑得多,老百姓都喊我草鞋书记。"离休后如何再为老百姓做点事?周永开把目光投向花萼山,护林4万余亩,种植清风林 1300 亩；带动群众发展中药材种植，大伙儿不仅脱了贫，而且致了富；扶贫帮困助学，在母校设立"共产主义奖学金"，奖励师生近 400 人……

余热献给深山

花萼山野生动植物种类繁多，被誉为"大巴山动植物基因库"。"因为穷，当地人把树砍掉当柴烧，开荒种粮，生态破坏严重。"1993 年 11 月的一天，周永开首次上山，眼前的景象让他大吃一惊，在山上搞旅游的幻想瞬间破灭。

抱着要把绿色还给大山的想法，第二年，周永开花费数万元积蓄购买了一批树苗，在山上租了两间茅草房，带着两位退休干部踏上了保护花萼山的征程。

周永开

1995 年初，为了对山上冬季资源再一次摸底，周永开带着一名向导徒步穿越花萼山，途经国家梁、小窝凼等险要之地，不小心深陷在积雪中动弹不得，经过紧急抢救才苏醒过来。"我找拐杖准备下床时，感觉杖底与以前不一样，提起看，多了一颗防滑铁钉。"谈起这件事，周永开依然激动，"那些年，我的 19 根拐杖上都有老百姓悄悄钉上的防滑钉。"

"莫砍树，不打猎，为了子孙后代要保护好山林。"周永开走遍花萼山 11 个乡镇 30 多个村，苦口婆心地宣传。山上条件艰苦，巡山一整天,饿了吃干粮,渴了喝山泉,晚上只能睡在垫着棉絮的木板上。在他的带领下,5位村民成为义务护林员。

周永开的苦心有了回报。村民自发造林上百亩,林业部门在花萼山实施公益林项目,这些山林被村民亲切地称为清风林。20多年来,周永开护林4万余亩,种植清风林1300亩;花萼山在2007年建成国家级自然保护区。

铭记党恩铸大爱

2000年的项家坪村还没有一个高中生。一天,周永开找到村党支部书记项尔方:"我们定向培养几个娃娃,帮助他们走出去。"最终,他选定7名学生,并联系爱心人士定向帮扶。

在周永开看来,捐资助学绝不仅仅是做好事,"这是培养我们事业接班人的大事"。一个6岁娃,父母打工时去世。看到孩子无依无靠,这个在反动派白色恐怖中眉头都不皱的铁汉忍不住泪湿衣襟。"孩子的生活我来照顾!"一句带着党性温暖的话语如同一盏明灯,点亮了孩子的人生。周永开还在母校巴中市巴州区奇章中学、化成小学倡导设立"共产主义奖学金",先后奖励师生近400人。

在守山护林的岁月里,周永开经常动员亲戚、朋友为贫困户捐款捐物,然后请人背上山,挨家挨户发送。村民蒋大杰说:"周书记送了好几套衣服给我们,我们也学'老革命',拿了两套送给了更困难的人。"看到特别困难的家庭,周永开便自己掏钱,这家给50元,那家给100元,早已数不清给了多少次。

清廉本色筑家风

至今,周永开还住在20世纪80年代国家分配的住房里,家具已经非常老旧。"其实,爷爷是有机会换房的。"孙女回忆道。2005 年,达州市纪委集资建房,论资历和职级,周永开可以第一个选,"爷爷说:我退出,年轻同志就有机会。"有儿女提议把选房资格让给自己,被周永开狠狠地批评了一顿:"你又不是我们单位的!"对于这样"倔强"的做法,家人早已习以为常。

组织准备提拔老伴儿,他说,能力不够,群众会有意见;组织要提拔儿子,他说,还年轻,再锻炼锻炼。至于孙辈,他更是顾不上,甚至见面都少。"小时候很少见到爷爷,只知道他做好事去了。长大后,看到乡亲们那么尊敬爷爷,我的自豪感油然而生。"孙女说。为正家风,周永开别出心裁地搞了个"家魂奖"。考试内容很特别——不是技能才艺,而是一年为群众做了多少好事。

周永开还积极发挥余热,为全市纪检监察干部上党课,常教育纪检监察干部说:"作为党章的忠实维护者,我们应该率先做到对党忠诚、清正廉洁、敢于担当。"

老去的是岁月,不变的是信仰。"一直到死,争当一名合格的共产党员。"这是周永开的初心,更是他毕生的追求。

2020 年 12 月,党中央授予周永开"全国优秀共产党员"称号。

钟扬:感动中国的优秀共产党员 🔍

钟扬,植物学家,16 年间在西藏行路 50 万公里,采集了 4000万粒种子;为西藏高等教育创造了许多个第一;他是一位教授,桃李满天下,还是一位科普者,参与上海科技馆、自然博物馆筹建,承办近 500 篇中英文图文的编写工作。

16 年为了植物种子

2001 年，钟扬最初来到西藏，只是和同事、学生一起进行野外考察，没有人想到，他此后 16 年的工作重点都没有离开这片土地，直至那场车祸，才戛然而止。

他为种子而来。青藏高原是全国最大的生物"基因库"，有 1000 多种特有种子植物，但高寒艰险、环境恶劣，很少有植物学家涉足，也从来没人盘点过这个世界屋脊的生物"家底"。

"10 年前，即使在全世界最大的种子资源库中，也没有西藏地区的植物种子。"作为植物学家，钟扬深知种子的重要性，于是投身于收集种子的漫长征途。

为了收集西藏巨柏的种子，钟扬和他的藏族学生在雅鲁藏布江两岸花了整整 3 年时间，给每一棵巨柏树进行登记，直到将世上仅存的 3 万多棵巨柏都登记在册。

钟扬血压高，身材又胖，刚到西藏时高原反应非常厉害，头晕、恶心、无力、腹泻。钟扬从不抱怨。为装更多采样，他出门只带两个面包、一袋榨菜、一瓶矿泉水。几乎天天如此。

钟 扬

一次，钟扬提出去阿里采样，学生们叫苦，那里太高，而且物种较少，辛苦一天也只能采几个样，不比藏东南，物种丰富，条件也更好。钟扬却说："正是因为别人不愿去，我们必须去。"

在工作日记《藏北的窗》中，钟扬曾有这样一段记录，足见住宿条件之艰辛:"半夜,一阵胸闷将我从睡梦中惊醒。我急忙唤醒同屋的博士生老王,说'开点窗吧',他应声起床。黑暗中,却听'哐当'一声巨响,一股寒风扑面而来——糟糕,老王把整面窗户从二楼推了下去……"

困难不仅于此,没有旅店,钟扬就裹着大衣睡在车上,突遇大雨冰雹就躲在山窝里,常常披星戴月赶路,峭壁上蜿蜒的盘山路,曾有巨石滚落砸中钟扬所乘的车……藏族同事给他起了个昵称——"钟大胆"——只要对研究有帮助,他就一往无前。

超越海拔六千米,抵达植物生长的最高极限。跋涉十六年,把论文写满高原。倒下的时候,双肩包里藏着你的初心、誓言和未了的心愿。你热爱的藏波罗花,不求雕梁画栋,只绽放在高山砾石之间。

——颁奖词:2019 感动中国人物钟扬

钟扬和团队已在采集的高原香柏中提取出抗癌成分;在雪域高原追踪数年,最终寻获了"植物界小白鼠"——拟南芥。此外,在钟扬的努力下,西藏大学成功申请生态学硕士点、博士点,其中生态学科还入选了国家"双一流"建设一流学科名单。

申请国家自然科学基金时,每逢高原反应严重时,钟扬常常一边插着氧气管,一边连夜修改研究报告。2003 年,申报终于成功,成为西藏大学有史以来第一个国家自然科学基金项目。消息传来,整个大学都沸腾了。

教授,和时间赛跑

1997 年,34 岁的钟扬升任中科院武汉研究所副所长,跻身副局级干部序列；3 年之后，他又加盟复旦，做了一名普通教授。

钟扬担任复旦研究生院院长时，从没有为本学科、本学院争取过任何特殊资源。"只要国家需要、人类需要，再艰苦的科研也要去做。""一个基因可以拯救一个国家，一粒种子可以造福万千苍生。"钟扬生前留下的话中，散落着许多与国家、人类命运有关的句子，但他从不提及个人。

看起来不知疲倦的钟扬始终在和时间赛跑。在办公室的日子里，他总是工作到半夜。大门早已用铁链拴上，身高 1 米 8、近100 公斤的钟扬常常跨过链条，吸着肚子，一点点从狭窄的缝隙中挤出去。后来研究生院索性为他单辟了门禁。

钟扬对时间的分配真正做到了见缝插针。在办公室里，钟扬列了小条子，每件事情都记录在案，完成一项拿掉一个。

为了节省时间，钟扬每次出差都选择最早班飞机，只为上午到达后就能立即开始工作，为此，他多次深夜睡在机场。最多的一年，钟扬坐了超过 170 趟飞机，有时密集到一周 10 趟。钟扬常说："老师有多勤快，学生就有多勤快。"

钟扬和他的学生们

一步步成长为知名植物学家，钟扬对生命的理解也日益加深。钟扬曾写过一篇名为《生命的高度》的文章，从生物中的成功者讲起，末段笔锋一转，谈到对自己的启示："然而，生命的高度绝不只是一种形式。当一个物种要拓展其疆域而必须迎接恶劣环境挑战的时候，总是需要一些先锋者牺牲个体的优势，以换取整个群体乃至物种新的生存空间和发展机遇。"

钟扬去世后,一些同事上门探望才发现,他家里竟一直是 20 世纪的老旧陈设,简陋的家具、老式的电视机……工作人员整理遗物时,在陪他跋山涉水的一条廉价牛仔裤上,还发现了破洞。大家纷纷潸然泪下……

2019 年,钟扬被评为"感动中国人物";中共上海市委追授钟扬"上海市优秀共产党员"荣誉称号。

鲁冠球:共产党员民营企业家

2018 年庆祝改革开放 40 周年大会上,浙江萧山万向集团董事局原主席鲁冠球荣获"改革先锋"荣誉称号。

鲁冠球是改革开放的弄潮儿,他创造了许多奇迹:第一家上市的乡镇企业;第一家进入国务院试点企业集团的乡镇企业;第一家拥有国家级技术中心的乡镇企业。他是改革实践的先行者和受益者。

风雨 40 年,他始终听党话、跟党走,把党的方针政策落实到企业经营发展中。改革开放初期,他以开拓者的胆识主动与乡政府签订厂长个人风险承包合同,并首创浮动工资制。在他的带领下,万向集团进军美国市场,收购海外上市公司,向世界展示了中国民营企业家勇于改革实践的智慧和担当。

鲁冠球,这位从田野走向世界的农民之子,以其引领民营经济发展、始终领导潮流的卓越业绩,名副其实地做到了"冠誉全球"。

鲁冠球曾说过:"我没有政治敏感,就是朴实的道理,没有共产党就没有万向的今天,听党的话,跟党走,踏踏实实地干政府鼓励、政策支持的事。""万向发展得好,就是因为在'万'字上面加了一点,找准了'方向'。这个方向,就是听党的话,按党的政策办

鲁冠球

事。""一个家庭不能没有当家人，一个国家要有正确的领路人，这辈子我跟定共产党了！"鲁冠球有一次在谈到企业家不能等同于商人时，很认真地说："要记住，我们都是共产党员，共产党的企业家！"

万向每年必开 3 个大会——纪念建党、纪念建厂和年终表彰。作为万向集团党委书记，鲁冠球从 2000 年至 2016 年，年年都要给党员上一次党课。

万向重视在干部、科技人员和一线员工中发展党员，如今，集团有 1606 名党员；鲁冠球还倡导"在党员中选拔干部，在干部中发展党员"，现在万向各级正职干部中党员比例高达 90%。

在万向，党员每年都要向组织填报一张"党员重点工作计划（总结）表"，对一年来的表现进行自我评价，作为党委书记的鲁冠球也不例外。

在内部管理上，万向的高管人员每年要申报家庭投资、因私出国时的国外活动、遵守法纪情况等 10 类重大事项。在对外交往上，鲁冠球要求"事可以不干，但党纪国法的红线绝对不能踩"。

2019 年 12 月，万向集团公司入选 2019 中国品牌强国盛典榜样 100 品牌。2020 年 9 月，万向集团公司营业收入 13050755 万元；通过 2020 年复核评价的国家技术创新示范企业。

3. 构建人类命运共同体

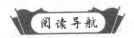

宇宙只有一个地球,人类共有一个家园。让和平的薪火代代相传,让发展的动力源源不断,让文明的光芒熠熠生辉,是各国人民的期待,也是一代政治家应有的担当。中国方案是:构建人类命运共同体,实现共赢共享。

在中国共产党的坚强领导下,中国人民集中力量办好自己的事,充分发挥国内超大规模市场优势,逐步形成以国内大循环为主体、国内国际双循环相互促进的新发展格局,提升产业链、供应链现代化水平,大力推动科技创新,加快关键核心技术攻关,打造未来发展的新优势。

应对气候变化的中国担当

2018 年 12 月 15 日,联合国卡托维兹气候变化大会落下帷幕。在本次气候变化大会期间,中国代表团积极地、建设性地参与大会,为大会取得成功做出了重要贡献,获得了国际社会高度赞赏。

应对气候变化,中国担当。自 2012 年以来,我国每年都发布《中国应对气候变化的政策与行动年度报告》。2007~2017 年,中国在保持经济增长的同时减少了 41 亿吨的二氧化碳排放。其中，2017年我国单位国内生产总值二氧化碳排放（碳强度）较2005年下降约46%，已超过2020年碳强度下降40%～45%的目标，碳排放快速增长的局面得到初步扭转。

漫画：全球行动起来，应对气候变化

中国坚持多边主义，引导应对气候变化国际合作，成为全球生态文明建设的重要参与者、贡献者、引领者。多边主义是中国治理气候问题的坚定立场。未来，中国将一如既往地坚持和推进全球气候的多边主义治理模式，提振国际社会合作应对气候变化的信心，积极参与构建人类命运共同体。

守望和平的"和平方舟"号

中国海军"和平方舟"号医院船是我国专门为海上医疗救护"量身定做"的专业大型医院船。2019年被授予"时代楷模"荣誉称号。这艘满载崇高荣誉的"和平号"将友谊、和平的种子播撒到世界大海的滚滚波涛中。

2008年4月23日，人民海军举行成立60周年暨多国海军活动。青岛某海域，这条"大白船"第一次公开亮相，就成为全世界关注的焦点。

"和平方舟"号医院船到2019年入列11年，航行24万余海里（1海里＝1.852千米），为23万多人次提供医疗服务，被誉为舰行万里守望和平的友谊使者；航迹遍布太平洋、印度洋、大西洋，到访6大洲43个国家和地区，是当之无愧的军事外交"明星舰"。

这是一份令人骄傲和惊叹的成绩单，"和平方舟"号医院船以一种温和的方式，展示着中国军人维护世界和平、增进人类福祉的担当。"和平方舟"成为中国特色大国外交的一张闪亮名片。

"和平方舟"号医院船

2018 年 5 月 1 日，电视中传来中国与多米尼加正式建交的消息。2018 年 11 月 1 日，"和平方舟"号医院船首次到访多米尼加。一声长长的汽笛声，划破了多米尼加圣多明各港的宁静，也点燃了早已等候在岸边的人们的期盼之情。

"中国的医院船来了！"多米尼加患者奔走相告，纷纷赶来就诊。这天，一场中多两国医生共同参与的联合会诊在"和平方舟"号医院船上展开，接受手术的是 25 岁的多米尼加女孩胡里萨……出院那天，胡里萨特意穿上一件红色 T 恤衫，她要与中国医生、护士合个影。照片上，每个人脸上都挂着灿烂的笑容。

与医院船合影、与中国军医合影，似乎成为各国曾在船上接受过诊疗的患者的共同心愿。如今，翻看"和平方舟"号医院船一本沉甸甸的相册，看到的是一张张笑脸。这笑脸的背后，是医院船传递给世界的温暖力量。

在到访多米尼加之前，"和平方舟"号医院船已经在巴布亚新几内亚、哥伦比亚、委内瑞拉、格林纳达等国进行了友好访问，并提供了医疗服务。其中，委内瑞拉、多米尼克、安提瓜和巴布达等国不仅是"和平方舟"号医院船首访，也是中国海军舰艇首访。

2017 年，"和平方舟"号医院船到达遥远的西非。9 月 21 日，医院船抵达塞拉利昂的第三天，一位塞拉利昂孕妇在丈夫陪同下急促地找到船长。船长随即下令："快！联系主平台！有产妇需要紧急手术！"原来，孕妇腹中的胎儿已经出现宫内缺氧症状，再拖下去，孩子很可能保不住。

接到报告，工作人员马上启动应急预案。很快，手术室准备就绪，病房准备就绪。8分钟后，手术室传出了婴儿的啼哭声。

"和平方舟"号在大洋上举行升旗仪式

这是"和平方舟"号医院船迎来的第6个小生命。这一声啼哭，带来了那一夜所有人欣慰的笑声。医院船病房内，丈夫握着妻子的手说，他决定给孩子取名"和平"。因为小家伙出生在"和平方舟"号医院船上，而当天正好是"国际和平日"。11年来，在"和平方舟"号医院船上出生的孩子们，有的取名"中国"，有的取名"和平"，还有的取名"中国玫瑰"……孩子的名字，传递着孩子父母对医院船、对中国军医、对中国诚挚的谢意。

中国医疗队在非洲

数十年来，"中国医疗队"在非洲几代民众心中都是一个温暖的词汇。

当地百姓的"守护神"

"不要紧张，马上就好。"秦勤一边在显微镜下熟练地给拉马丹进行白内障手术,一边用斯瓦希里语轻声安慰病人。来自南京鼓楼医院的秦勤是中国第二十七期援坦桑尼亚桑给巴尔医疗队的眼科医生,2016 年 6 月在纳兹莫加医院开展为期 1 年的医疗援助工作。

表面麻醉、白内障超声乳化、安装人工晶体,秦勤同当地护士莫娜吉配合默契。显微镜下操作对医生技术的精度要求很高,半个多小时下来,秦勤额头上已经渗出汗珠。

手术完成,秦勤和护士搀扶拉马丹走下手术台。拉马丹得知第二天就能重见光明,喜不自禁,连声道谢:"谢谢! 谢谢! 感谢中国医生带来健康福音!"

坦桑尼亚地处热带,紫外线强,白内障发病率高,病人年龄低,症状严重,手术难度较大。在国内平均 10 分钟就能完成的手术,在坦桑尼亚一般都需要半个小时以上。一年下来,秦勤累计做了 1000 多例手术,但她并不觉得辛苦,因为她觉得"没有什么比看到当地患者重见光明更开心的事了"。

坦桑尼亚实行全民医保制度,不过医生、药品都十分匮乏。中国医生带去了新医疗理念,送去了当地急需的药品和器械。秦勤医生手术使用的显微镜、超声乳化仪等整套器材都是中国援助的。

中国医疗队医术精湛,是当地百姓心中的"守护神",无论是出租车司机、保安还是服务员,提起中国医疗队,许多人都有故事讲。

桑给巴尔前卫生部部长哈桑女士是中国医疗队的老朋友,40多年前,她的大儿子苏莱曼就由中国医疗队接生,现在她是中国医疗队驻地的常客,常常给医疗队送来水果、食物。她常说:"中国医生救了我和孩子的命,我怎么能忘了恩人呢?"

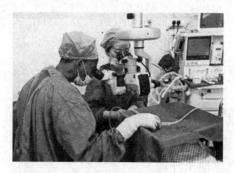

中国医生和当地助手正给病人做白内障手术

纳兹莫加医院妇产科只有 10 名医护人员,但每年要接生 1 万多名新生儿,还有很多手术只有中国医生才能主刀。有一次,一名孕妇大出血,已经昏迷,家属都准备放弃了,在中国医疗队队员的坚持下,这名孕妇最终得以脱离危险。病人家属流下感激的泪水。

中国医疗队凭借精湛的医术和大爱无疆的人道主义精神,得到坦桑尼亚各界由衷的称赞。在医疗队即将完成任务之际,桑给巴尔卫生部向所有 12 名队员颁发了荣誉证书,表达对中国医疗队的赞扬和感激之情。

留下带不走的医疗队

"授人以鱼不如授人以渔。"培养本地化人才,提高坦桑尼亚医疗水平,是中国医疗队着力投入的一项工作。

队员李浩根据一年来在桑给巴尔援外积累的经验,编写了一本常见病处置教材。这本书的所有案例均来自当地,图文并茂,再加上详细的治疗说明,可操作性强,深受同事们欢迎。

"这本教材内容翔实,案例包括常见病和疑难病例,可以随时查阅,是我非常好的老师。"当地医生阿里说,"中国医疗发展水平很高,中国医生医术高明,真希望有更多机会到中国交流,学习先进的医疗技术,为我们的人民服务。"

还有一些坦桑尼亚医生和护士在中国完成了医学学历教育,加上中国医疗队的悉心指点及临床实践,很快成为当地的业务骨干,莫娜吉就是其中的一位。她毕业于重庆医科大学,基础扎实,技术全面,操作规范,是中国医生的得力助手,也深受患者好评。

除了培养人才,中国的技术和器械援助也解决了当地医院的燃眉之急,每年中方都援助纳兹莫加医院数百个专利止血水囊。中国实实在在把医疗技术带到了非洲!

"中国是真正的朋友"

非洲依旧是传染性疾病的高发区,黄热病、血吸虫病、疟疾等疾病严重危害非洲人民的健康,成为阻碍经济社会发展的一块"绊脚石"。中国在血吸虫病、疟疾等领域进行卫生合作试点和综合防治,是近年来中非卫生合作的新亮点,在坦桑尼亚的两个项目就是其中的代表。

项目组中方成员首先在国内接受集中强化培训,然后分组奔赴坦桑尼亚。他们同当地政府和社区密切合作,建立水体环境数据库,对血吸虫宿主水泡螺状况进行调查,并培训本地员工,制定防治措施和操作规

中国医疗队在当地开展义诊

范,构建血吸虫病综合防控体系。桑给巴尔卫生部官员感慨地说:"我们需要中国这样真正帮助我们的朋友,而不是那些单纯开展科研项目的人士。"

疟疾是威胁非洲人民健康的一大杀手。由中国首位诺贝尔生理学或医学奖获得者屠呦呦团队提取的青蒿素是最有效的抗疟药物,是对世界尤其是对非洲的重大贡献。

中国还在非洲开展抗疟国际合作。所完成的"中英坦疟疾防控试点项目"，就是中国首次在非洲大陆地区建立的疟疾防控试点，开启了中国援助非洲防控疟疾历史的新篇章。

中国医疗队每次外出义诊，总有当地群众热情围拢过来，亲吻队员们的脸颊，争相同队员们合影，非洲人民纷纷对中国医疗队竖起大拇指。

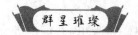

左云起：援外 30 年　奋斗 30 年

左云起，1972 年开始从事援外工作，在援外战线上兢兢业业奋斗了 30 多个年头。他的足迹遍及亚、非两洲 21 个国家；参加并主持过援外项目施工，参加过项目考察和验收，主持过援外技术培训等各种援外项目 27 个之多。

奉献事业太多

左云起原来在中央广播事业局从事广播专业技术工作。作为技术人员，左云起经常培训亚非拉国家的广播技术人员。1972 年，他接受上级委派到老挝执行援外任务，这一干就把他和"援外"事业紧密联系了 30 多年。

左云起和他的同伴们工作在荒凉的老挝万象郊区，把所有的时间都花在维修设备、备课、上课上。每天上午修机器，下午上 4 个小时课，晚上还要准备第二天的教学内容。由于走得比较匆忙，他们几乎没带什么教学材料，完全靠自己的专业知识和经验来编写教材授课，艰苦程度可想而知。在老挝执行援外任务的几年中，左云起和其他中国专家有时连饭都吃不饱，娱乐活动更是无从谈起。当左云起完成任务离开老挝时,他甚至连万象是什么样都不知道。

1981 年,他第一次来到刚果(布),担任刚果(布)议会大厦广播扩声专业组组长。在援外工作中,左云起坚持向黑人兄弟尽己所能地传授技术、倾己所有地提供帮助。20 多年过去了,如今当左云起再次走进刚果(布)议会大厦时,仍然会有许多刚方技术人员激动地上前和他握手、向他问好。

给自己亲人太少

作为一名老共产党员,左云起心里装的始终是国家的利益。为了国家的援外事业,他没当好儿子,也没当好丈夫,更没当好父亲。父亲去世时,他在贝宁体育中心工作,无法送终;母亲去世时,他在加纳工作,没能尽孝。每当想起这些,左云起就心生愧疚,难过不已。

刚果(布)政府向援刚朱埃
电台组组长左云起授勋

30 多年的援外生涯,给左云起的家庭带来了许多缺憾,但是,中、非人民永远不会忘记他。1998 年,左云起被评为"中直机关优秀共产党员",受到国家领导人的亲切接见;2003 年在朱埃电台大修项目移交仪式上,刚果(布)政府授予左云起共和国骑士勋章,这是时任总统萨苏第一次亲自为一位外国人授勋。

情系援外 30 多年,左云起的援外生涯已经画上了一个圆满的句号,但中国的援外事业仍在继续,像左云起这样为援外事业尽心尽力、积极奉献的援外干部和技术专家仍会继续涌现，充分展示着中国胸襟宽广的大国形象。

张恒祥："一带一路"建设中的共产党员 🔍

张恒祥是中铁国际集团项目负责人，从 2015 年至今，他的工作足迹深深地留在"一带一路"沿线两个国家——白俄罗斯和老挝，参与了"一带一路"两个标志性工程——中白工业园项目和中老铁路项目，多次被评为公司优秀共产党员。

2015 年 1 月的白俄罗斯，气温平均在零下 30 多摄氏度。为了确保当年 5 月 12 日前完成节点工期任务，张恒祥每天带领技术人员和作业工人奋战在冰天雪地的施工现场。4 月初，项目主体工程开始施工，离节点不足 40 天，工期极为紧张。张恒祥向业主承诺，一定如期完成任务。

建设中的中老铁路

他组织员工采取"白加黑""五加二"三班制，一天当成 3 天用，向目标节点发起冲击。5 月 5 日，第一节点工程任务提前完工，兑现承诺。

白俄罗斯项目刚刚结束，张恒祥就被调到万里之外的老挝，担任中老铁路二标一分部的项目副经理。

中老铁路是两国重大合作项目，是"一带一路"的示范项目。中国铁路总公司提出要将中老铁路打造成"一带一路"精品工程。

张恒祥负责的管段集隧道、桥梁、路基及涵洞为一体，线长、点多、面广,组织、管理、协调难度大。

张恒祥每天坚持深入掌子面、桥头,认真检查各个工点,发现问题立即叫停;晚上,召集工程、安质、物资等业务部门开生产碰头会,总结当天问题,安排第二天的工作。

在"一带一路"建设一线,像张恒祥这样的建设者还有很多。

共产党员在"中国式排雷" 🔍

2006 年 4 月,中国应联合国邀请,首次派遣部队赴黎巴嫩执行维和任务。其中,被称为"刀尖上的舞蹈"的扫雷排爆是中国赴黎维和部队担负的主要任务。

10 年间,中国赴黎维和部队累计发现、排除各种地雷及未爆物近万枚,创下扫雷"零伤亡、零事故"和"数量最多、速度最快"的优异成绩。"中国式排雷"已成为这支部队在联合国驻黎巴嫩南部临时部队(以下简称"联黎部队")中一张闪亮的名片。

扫雷连 80%以上官兵都是共产党党员,尤其是组长、副组长一类负责挖掘、销毁地雷及未爆物的高危岗位,更是全部由党员担任。

按照联黎部队规定,执行扫雷任务前,必须先通过扫雷资质认证。2006 年,作为中国向海外派遣的首支执行扫雷任务的维和部队,国内无任何经验可供借鉴,其他国家则不愿"分享"。关键时刻,扫雷连连长成立多个"党员攻关组",在半年内编写完成共计 35 万字的《扫雷标准作业程序》,并最终顺利通过了资质认证考核。这一作业程序随后还被推广到联合国驻黎其他部队当作教材。

中国扫雷分队还创造了"水压介质爆破分解地雷法""分层交叉定位法"等 4 项技术,被写进"联合国扫雷作业标准"。德国、法

扫雷分队在排雷

国、印度等多个国家的维和官兵先后前来学习扫雷经验，两任联合国秘书长亲自到雷场探望中国扫雷官兵，并给予高度评价。在扫雷连的战斗文化园中，矗立着一块巨石，上面刻着一个"胆"字，不论风吹雨打，字迹始终鲜艳。

2014年，联黎部队打算在黎以边境东段新开辟一处安全通道。这里埋设着大量地雷，由于人为破坏和长年雨水冲刷，许多地雷发生位移，引信处于极度敏感状态。

面对危险，中国维和官兵主动请缨。他们每天跪在地上作业十多个小时，用小铲和毛刷像考古般在地上搜排。最终，经过近4个月艰苦作业，成功开辟出一条长200多米、宽3米的安全通道。联黎部队官员多次到现场慰问中国官兵，并在通报中表扬："中国军人承担了极度危险的任务，任务完成得非常出色！"

"没有完成不了的任务！"这是中国扫雷官兵常挂在嘴边的一句话，更是一批批共产党员在危难面前勇往直前的真实写照。

4. 永葆先进　继续奋斗

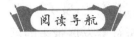

奋斗是一种积极进取的精神力量。中国共产党人在长期实践中形成的坚定理想、百折不挠的奋斗精神,是推动中国革命,建设、改革事业不断前进的强大精神动力,已经深深融入中华民族的血脉和灵魂。

中国核电　展翅腾飞

伴随着改革开放的大潮,我国商用核电从零出发,如今已走上一条以吸收引进技术起步,始终坚持自主创新、打造自主核电技术的发展之路。

随着改革开放的不断深化推进,中国核电作为世界核电的一股新生力量,逐步扮演着越来越重要的角色。这支核电新兵始终没有停下奋力赶超的步伐,一座又一座核电基地出现在中国的沿海。

每建设一座核电站,中国的核电建设者都从科技研发、安全管理、质量控制等各个方面不断吸收先进技术与经验,多个核电工程国际标杆建设从 5 级水平逐步上升到 8 级水平,中国核电在超越历史、超越对手、超越自我的发展之路上不断前进。

中国高铁　领跑世界

2020年"十一"国庆期间，央视新闻新媒体推出的大型主题报道《坐着高铁看中国》，全景式展示了中国之美，8天8条铁路主线，带领广大观众网友走遍祖国的大好河山，看变化、赏美景、品美食、听故事，反映高铁线路开通给沿线经济社会发展带来的巨大变化和老百姓"双城生活"故事。中国铁路加速奔跑，车轮滚滚彰显使命担当。

中国建成了世界上最现代化的铁路网和最发达的高铁网。截至2020年7月底，中国铁路营业里程达14.14万公里。其中，高速铁路达3.6万公里，稳居世界第一。

中国高铁

中国路网纵横、四通八达；人便其行、物畅其流；中国高铁、领跑世界……中国铁路以奋斗者的姿态创造了举世瞩目的成就，一批批铁路新线投入运营，路网越织越密，为经济社会发展和决胜全面建成小康社会提供了强有力的支撑，为实现中华民族伟大复兴，实现中国梦贡献了重要力量。

中国科技　突飞猛进

经过近几十年的埋头苦干，中国在人工智能、无人机、杂交水稻、石墨烯等技术方面已经达到了世界领先水平。尤其是5G时代的到来，以华为、中兴为代表的中国企业在世界5G专利排名中分别拿下了第一、第三名的良好成绩。中国成为拥有5G专利最多的国家，并在新一代通讯领域对国外技术实现了反超。

中国的5G，目前有三大优势。

首先，中国早已订立好5G的标准，2016年即开始研发。当时美国及韩国也开始5G计划，但中国到了2018年开始超前，完成5G全部标准，当年12月就开始进行试验频谱分配。

其次，中国不断加大对5G的投资。全中国5G基站建设总数，2019年已超过15万座，2020年底超过60万座，数量远超其他国家。除了因为企业建设步伐比其他国家企业更快外，建设成本也是最大因素。据统计，目前中国建设5G基站的成本只是美国的1/5。第五代移动通信技术，简称5G或5G技术，是最新一代蜂窝移动通信技术，也是继4G、3G和2G系统之后的延伸。5G的性能目标是高数据速率、减少延迟、节省能源、降低成本、提高系统容量和大规模设备连接。

最后，也是最关键一点，中国的华为、中兴、OPPO、中国电信科学研究院这四家公司加起来拥有全球36％的5G标准专利，其中仅华为一家就获得1554项专利技术；中国5G关键技术专利更是位居全球首位。这是其他国家无法超越的关键，对未来发展十分有利。

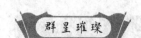

周海江：我的第一身份是共产党员

"我决定以个人名义，向党组织交纳 1000 万元党费，用于助力疫情防控工作！"2020 年年初，刚从国外出差回来的红豆集团党委书记、董事局主席兼 CEO 周海江向党组织交纳了这笔"特殊党费"。他说："我的第一身份是共产党员。"

拥有多个头衔的周海江，一家 3 代是共产党员，代代接力创业，"听党话、跟党走、报党恩"，是周家 3 代人永远不变的红色情怀。周海江说："红豆集团党委作为全国先进基层党组织，我个人作为全国优秀党务工作者，理应在这次疫情防控阻击战中，积极行动，当好表率。"

这不是周海江第一次交"特殊党费"。2008 年汶川地震发生后，周海江第一时间交纳"特殊党费"100 万元，后来又向聚源、映秀、北川 3 所中学捐赠 300 万元，设立"七一红豆奖学金"。

可以说，在 2020 年这次防疫战中，红豆集团创立的"现代企业制度＋党的建设＋社会责任"三位一体的中国特色现代企业制度又一次展现出震撼人心的能量。

在这一企业制度中，"党的建设"是灵魂，"社会责任"是使命，核心内涵是用党的政治优势来克服现代企业制度"只重企业利益的缺陷"，实现企业利益与国家、民族、社会利益的高度统一。

红豆集团党委组织各基层党组织和党员充分发挥战斗堡垒和先锋模范作用，一方面做好自身防控各项工作；另一方面加班加点，尽可能向防控一线输送物资：紧急调配通用轮胎武汉销售网络，就近为支援火神山医院、雷神山医院项目建设的车辆以及救援车辆提供轮胎免费更换等服务,还向防控一线医务人员捐赠一批后勤保障服装,包括200套羽绒服和500套内衣。

周海江一直带领红豆集团积极回报社会:2015年、2016年,周海江和父亲周耀庭共捐赠2000万元,成立了"无锡耀庭慈善基金会";2017年,周海江个人出资2000万元成立"无锡红

豆关爱老党员基金会"。红豆集团多年来已对外捐款捐物超5.2亿元。

"当家人"周海江的红色情怀对企业党员、员工有着"春风化雨"的作用,红豆集团也被打造成"红色堡垒"。

多年"党企融合",让红豆集团拥有了党组织这根"定海神针",积极追求社会价值的最大化,努力承担社会责任,回报社会。

2020年9月,周海江被中共中央表彰为"全国优秀共产党员"。

张富清:我是替牺牲的战友领这个奖的

张富清,战场上不怕生死奋勇杀敌,和平年代不提功劳埋头工作。如果不是退役军人信息采集工作,尘封63年的赫赫战功可能会一直被隐瞒下去。2019年9月,95岁的张富清荣获"共和国勋章",张富清的名字才进入了人们的视线。

奋勇杀敌立军功

1948年11月,我西北野战军猛攻蒲城永丰镇。部队从下午开始发起进攻,但久攻不下,必须上突击队。当时24岁的张富清

虽然参加人民解放军只有半年多,却已经是一名经验丰富的突击队员了。张富清有个信念:"我想入党,想向党靠拢,所以每次战斗前都报名参加突击队。"就这样,炸碉堡的突击任务交到了张富清手上。

入夜,张富清带着两名战士向永丰城摸去。3人各背四五十斤重的战备到了城墙下。"必须往上爬,手指头全是血,抠着城墙爬,也不觉得痛,只知道要爬上去才能完成任务。"张富清想起那一夜发生的点点滴滴。

"爬上城墙后,我四处观察了下,然后就跳进城了。"当张富清猫起身来想寻找战友时,却被敌军发现,几把刺刀唰地围了上来。张富清下意识地端起枪扫射,打死七八个敌人,趁乱突出了重围。

年轻时的张富清

"第一个碉堡炸开后,给了我很大信心。我沿着城墙跑,跑到第二个碉堡前,把这个也炸了。"来不及喘口气,张富清就遭遇了敌人。几个回合下来,他的子弹打光了。"我就用敌人的枪打。"每一分钟都是生死存亡的考验。张富清坚持下来了,等到部队攻进城找到他,已经天亮。

"到这个时候我才觉得筋疲力尽,爬都爬不动了。"瘫倒在地时,张富清才发现自己浑身是血,头皮被削掉了一大块,流到脸上的血都已经干了。

在硝烟弥漫的战斗岁月中,张富清跟着部队从陕西一路打到新疆,先后荣立一等功3次、二等功1次,被西北野战军记"特等功",两次获得"战斗英雄"荣誉称号。

"彭德怀同志曾经拉着我的手说,'你是个好同志';王震同志亲自给我戴过军功章……"张富清从来没有向家人提及这些荣耀的瞬间,他的《报功书》,他的"人民功臣"奖章,他的立功登记表,都被收进了一个破旧的暗红色皮箱里。

几十年来,他选择深藏功与名,只做"自己该做的事",以至于家人都不知道他是战斗英雄。

辛勤工作淡功名

1955年,张富清含泪告别军营,申请去最艰苦的地方。他从来不知道湖北来凤在哪里,只听说这里很穷,他就来了;想着"建设需要,就这么一直干下来了"。

从粮油所到外贸局,再到建设银行,张富清经历过一些跨度很大的岗位。老同事们至今都佩服他用不完的精力和始终投入的工作状态,评价道:"他的奉献精神,没有人能做到。"可是张富清认为自己只是"做了该做的"。他曾经泪流满面地说:"和牺牲的战友相比,我已经很幸运了。我还活着,还能有什么要求?"

张富清带着这样的心情,默默奉献了60多年。每一次面临人生选择时,他都选择牺牲自身利益,照顾他人利益,响应党和国家的号召。

20世纪70年代,机构精简,张富清主动把妻子从供销社的岗位上精简下来。妻子不服气,张富清只是好言劝解:"你不下来,我就不好做别人的工作了。"那时候,他们一家6口人,餐餐喝粥。妻子只好去缝纫厂帮工,补贴家用。

张富清从不以英雄自居。工作时,来凤的夏天闷热潮湿,太阳照着,更是暑气难当,张富清却每天戴着帽子。妻子好奇过:"夏天还戴帽子干什么? 不热吗?"张富清笑了笑:"还是戴着好,不然一吹风就头疼。"他没说原因,其实那是永丰城战役中子弹擦过头顶留下的后遗症。

张富清

张富清曾多次拒绝外人采访,在他心里,战斗经历和工作经历,"只是一个共产党员、一个革命军人该做的事情"。儿子只好去"哄"老人:"这是组织上来人了解情况,是公事公办。"张富清的故事这才被湖北当地的媒体首先报道出来。

张富清经常想起过去牺牲的那些战友。"如果我牺牲了,荣誉就是战友的。今天的荣誉,属于千千万万革命英烈。我是替牺牲的战友,领这个奖的。"张富清说。

本书编写过程中,学习、参考并借用了一些文本资料及图片。由于时间关系,一时难以联系有关作者,在此表示歉意,并衷心感谢对本书的支持。